重庆"走出去"战略与金砖国家研究协同创新中心论丛

墨西哥中央—地方权力关系研究
发展路径与动因机制

MEXICAN FEDERAL-STATE INTERGOVERNMENTAL RELATIONSHIP
Its Development and Causal Mechanism

张 庆 著

时事出版社

总 序

2009年，四川外国语大学国际关系学院正式成立。在服务国家战略和地方经济社会发展的背景下，学院以国际问题研究所为依托，围绕重庆对外交往与金砖国家内政外交开展了系列研究，主要包括重庆面向拉美"走出去"的风险、重庆与英国关系、重庆与金砖国家经贸投资、金砖国家相互定位、金砖国家与全球治理、金砖国家人文交流机制等，并在此基础上分别成立了城市外交研究中心与金砖国家研究院。2013年，四川外国语大学成功申报并获批重庆"走出去"战略与金砖国家研究协同创新中心（省级）。本论丛即是该协同创新中心主要研究成果的集中体现。

重庆"走出去"战略与金砖国家研究协同创新中心论丛致力于发布与重庆实施"走出去"战略以及金砖国家内政外交相关的研究成果，具体包括《墨西哥中央—地方权力关系研究：发展路径与动因机制》《韩国政治转型中的政党政治研究》《当前金砖国家研究的若干问题》《金砖国家与全球治理》《经济视角下的中国与巴西关系研究》

《中国与巴西关系：发展与聚焦》《重庆地方政府国际合作能力和机制建设研究》《中国"走出去"战略背景下的金砖国家非传统安全问题研究》《金砖国家智库研究》和《全球化时代金砖国家领事保护研究》等著作。我们希望本论丛对进一步推动重庆"走出去"战略研究与金砖国家研究以及二者之间相互关系问题的研究有所帮助，从而为重庆打造内陆开放高地和中央深化金砖国家合作提供政策建议和智力支持。

参与本论丛撰写的作者大都来自四川外国语大学国际关系学院。该团队最大的特点是年轻而富有朝气，奋发进取，积极关注国际关系研究领域的热点问题。近年来，他们结合自身专业方向与研究领域，在重庆对外交往和金砖国家研究方面进行了有益的尝试。或许这些年轻学者在研究功力上仍有待进一步提升，他们的研究成果也存在这样那样的局限，但我们相信，本论丛的出版对他们来说是激励和鞭策，同时我们也相信，他们能够以此为基础，在相关研究领域和议题上取得更多更具有影响力的成果。

感谢学校领导对论丛出版的大力支持，感谢协同创新中心参与单位对论丛编写的鼎力帮助，感谢时事出版社领导特别是编辑部的谢琳主任及其团队对论丛设计、编辑、出版等事务的全力付出。同时，还要感谢四川外国语大学国际关系学院的其他老师和同学们在文献收集和整理以及英文翻译等过程中发挥的重要作用。本论丛得以正式出版是大家共同努力的结果。我们一定不负众望，全力以赴为重庆"走出去"战略研究和金砖国家研究贡献自己的思想与行动。

肖 肃
2017 年 4 月 26 日于四川外国语大学

序　言

　　中央与地方的关系，一般是指中央政府与地方政府的关系，主要有两种表现形式：一是国家结构形式问题，在政治学上，通常把调整国家整体与部分、中央与地方关系的形式称之为国家结构形式；二是中央政府与地方政府权限划分问题。对中央与地方关系的研究具有重大学术价值。中央与地方的关系是政治制度的重要组成部分，不仅是政治学研究的重要内容，经济学、社会学、历史学等学科的研究也经常会涉及中央与地方关系问题。认识和了解一个国家中央与地方的关系及其发展趋势，有助于深刻、准确地理解和把握这个国家政治制度的特点及运行规律。与此同时，中央与地方关系又是重大现实问题，涉及到政治制度和体制的运转，事关国家政治稳定、经济发展与社会和谐，是每个国家都需要处理好的最主要问题之一。科学认识和认真总结世界各国中央与地方关系的模式与经验，对于完善经济与政治体制具有重要意义，也可为他国提供可资借鉴的素材。

中国和世界多国的实践经验已充分表明，为了实现和维护国家政治、经济和社会稳定，必须建立稳定、和谐、合理的中央和地方关系。中华人民共和国成立后，中央政府高度重视中央与地方的关系问题。早在1956年毛泽东主席就强调，"中央和地方的关系也是一个矛盾"，要发挥中央和地方两个积极性，"扩大一点地方的权力，给地方更多的独立性，让地方办更多的事情"。① 党的十一届三中全会确立了改革开放的基本方针，此后党中央不断对中央和地方关系进行调整，在重视中央权威的同时，加强"地方各级人民代表大会和地方各级人民政府"的职能。以习近平总书记为核心的新一届党中央一直强调全面正确履行政府职能，正确处理中央和地方的关系，充分调动中央和地方两个积极性，提出进一步简政放权，"最大限度减少中央政府对微观事务的管理"，"加强中央政府宏观调控职责和能力，加强地方政府公共服务、市场监管、社会管理、环境保护等职责"。② 世界多国的经验也表明，凡是能实现民主管理、能够维持长期稳定的国家，一般都是对中央与地方权力做了明确和合理划分、较妥善地处理了两者关系的国家。相反，那些不能妥善处理中央和地方关系的国家，通常会引发管理秩序混乱甚至社会冲突和政治动荡。

拉美国家在如何处理中央与地方关系问题上，也经历了长期和艰难的探索。在这一过程中，不少国家经历了许多争论、磨合、斗

---

① 毛泽东：《论十大关系》，中国网，http://www.china.com.cn/cpc/2011-04/15/content_22369854.htm。
② 《中共中央关于全面深化改革若干重大问题的决定》（2013年11月12日中国共产党第十八届中央委员会第三次全体会议通过），新华网，http://news.xinhuanet.com/politics/2013-11/15/c_118164235.htm。

争,甚至是流血的冲突,最终才确立了解决中央和地方关系问题的合理方式。在拉美地区,墨西哥处理中央和地方关系的方式具有一定代表性和典型性,其基本做法和经验也值得其他地区的发展中国家借鉴。从这个意义上说,张庆副教授的著作《墨西哥中央—地方权力关系研究:发展路径与动因机制》选取墨西哥作为分析对象,本身就具有重要的理论意义和现实价值。

张庆副教授的这部著作有以下特点。第一,通过全面透视中央与地方关系揭示墨西哥政治发展的特征。墨西哥在处理中央与地方关系方面最重要的内容有两项。一是在国家结构形式上采用联邦制。和其他实行联邦制度的拉美国家(巴西、阿根廷和委内瑞拉)一样,墨西哥在建立联邦制度的过程中,在很大程度上借鉴了美国联邦制的经验和做法,甚至照搬了美国宪法的许多条文。但由于与美国在历史条件、政治文化传统、价值取向方面有很多不同之处,墨西哥的联邦制度,特别是在处理中央与地方关系方面又有自己的独特之处。二是中央和地方的权力划分。墨西哥由31个州和首都联邦区共32个联邦单位组成。宪法和法律对联邦政府的权力、州的自治权力做了明确规定和划分,对各州经济、政治、对外关系、军事等权力做了明确限制,确定了联邦与州,以及州际关系的调节机制。本著作通过考察墨西哥自1917年颁布现行宪法一直到2012年革命制度党再次上台执政近百年的政治权力纵向分配,观察不同时期央地关系的特性,力图通过对中央与地方权力关系的考察揭示墨西哥政治发展的基本特征。

第二,通过纵向考量,研究分析墨西哥中央—地方权力关系的形成、稳固、变迁及其背后的动因。作者以1982年债务危机为节点,把墨西哥中央—地方权力关系的发展分为两个时期,把第一个时期称为"形成和稳固"时期,把第二个时期界定为"变化"时期。作者认为,墨西哥央地关系发展经历了从混乱到稳定(1917—1934年)、从稳定到集权(1934—1982年)、由集权转向分权(1982—2000年)和动态调整(2000—2012年)等阶段。本著作既在宏观上把握墨西哥央地关系的纵向发展,又看到纵向历史发展进程中二者关系的动态变化,并将这种变化置于该国经济、政治、社会发展的背景下考察,与政党的变化结合起来研究,增加了这一问题研究的厚重感。

第三,力图揭示墨西哥中央—地方权力关系变化的动因机制。作者在对墨西哥央地关系全面考察的基础上,试图探寻央地关系若干次变化背后的共同核心动因,即现实危机和政党结构。作者通过研究发现,现实危机和政党结构这两个动因既可以单独发挥作用,更会通过相互作用产生合力共同作用于央地关系的变化。一方面,现实危机会加剧爆发政党结构的弱点,引发政权危机;另一方面,政党结构在不断调整过程中也在持续提高自身"免疫力",增强对危机的抵制作用。作者指出,墨西哥1910—1917年革命以来的历史,可以印证这一动因机制的解读视角,即央地关系在若干关键时间点都发生变化,呈现出某种"钟摆效应",但其调整幅度或曰"钟摆"摆幅在逐步减小。作者还基于动因机制以及央地关系现状,试图对墨西哥央地关系未来发展趋势做出自己的判断。

本著作是中国拉美学界研究墨西哥中央与地方关系的第一部专著,在一定程度上填补了拉美研究领域的空白,其学术意义不言而喻。对墨西哥央地关系变化动因机制的提出和分析也是作者的重要贡献。其既然是中国拉美学界研究墨西哥央地关系的第一部学术专著,因此对相关问题的分析研究还是初步的,分析的方法和框架也有可进一步完善之处。我衷心希望作者能在现有研究基础上更上一层楼,进一步深化对墨西哥及其他发展中国家相关问题的比较研究,为中国及其他发展中国家处理央地关系提供更加翔实和可靠的素材,为推进中国拉美研究事业做出更大的贡献。

衷心祝贺张庆副教授《墨西哥中央—地方权力关系研究:发展路径与动因机制》正式出版。在本著作即将付梓之时,写下这些文字,与作者共勉。

袁东振

2017年3月于中国社会科学院拉丁美洲研究所

目录

导 论 1

  第一节 研究意义 1

  第二节 中央—地方权力关系研究现状 3

    一、事实层面研究 3

    二、理论层面研究 6

    三、变动的动因研究 9

    四、墨西哥政治转型研究 11

  第三节 本书结构 13

  第四节 理论模型 16

  第五节 研究方法 19

第一章 概念与理论辨析：中央、地方、权力关系 20

  第一节 中央与地方 20

一、中央 …………………………………………………………… 20
　　　二、地方 …………………………………………………………… 22
　　第二节　权力关系 …………………………………………………… 24
　　　一、中央集权结构 ………………………………………………… 25
　　　二、地方分权结构 ………………………………………………… 26
　　　三、均权结构 ……………………………………………………… 26
　　　四、联邦结构 ……………………………………………………… 27
　　小　结 ………………………………………………………………… 29

第二章　墨西哥央地关系的形成和稳固 ……………………………… 31

　　第一节　央地关系的形成和特点 …………………………………… 31
　　　一、央地关系的形成 ……………………………………………… 31
　　　二、墨西哥革命前央地关系的基本特点 ………………………… 36
　　第二节　央地关系的稳定与巩固 …………………………………… 40
　　　一、央地关系从混乱到稳定 ……………………………………… 40
　　　二、央地关系从稳定到集权 ……………………………………… 49
　　第三节　央地关系变化动因分析 …………………………………… 55
　　　一、克服政治危机的手段 ………………………………………… 55
　　　二、应对经济危机的途径 ………………………………………… 60
　　　三、政治制度化的要求 …………………………………………… 61
　　小　结 ………………………………………………………………… 64

第三章　墨西哥央地关系的调整与变化 ……………………………… 65

　　第一节　由中央集权到地方分权（1982—2000年）……………… 65
　　　一、央地关系调整的背景 ………………………………………… 65

二、政治层面的变化 ………………………………………… 67
　　三、经济层面的变化 ………………………………………… 75
　　四、社会层面的变化：以教育为例 ………………………… 83
　　五、变化动因分析 …………………………………………… 89
　第二节　由地方分权到部分权力回归中央
　　　　　（2000—2012 年） ……………………………………… 99
　　一、政治层面的变化 ………………………………………… 99
　　二、经济层面的发展趋势 ………………………………… 105
　　三、社会层面的变动趋势 ………………………………… 106
　　四、变化动因分析 ………………………………………… 114
　小　结 ………………………………………………………… 122

第四章　墨西哥央地关系变化的动因机制 ………………… 123

　第一节　基于动因机制的央地关系变化分析 ……………… 125
　　一、央地关系变化的核心动因 …………………………… 125
　　二、央地关系的变化：基于动因机制的分析 …………… 142
　第二节　央地关系变化的后果与影响 ……………………… 159
　　一、政治体制的完善 ……………………………………… 159
　　二、央地关系呈现"稳中求变"的趋势 ………………… 163
　　三、其他后果与影响 ……………………………………… 164
　　四、几个值得注意的问题 ………………………………… 169
　小　结 ………………………………………………………… 176

第五章　墨西哥央地关系的未来展望 ……………………… 177

　第一节　央地关系总体上的分权趋势 ……………………… 177

一、民主化进程的推动 ·························· 177
　二、墨西哥政党结构的调整结果 ················· 179
第二节　央地关系继续调整的态势 ················· 181
　一、墨西哥威权体制传统的影响 ················· 181
　二、应对突出社会问题的困扰 ··················· 182
第三节　央地关系总体趋稳及其后果 ··············· 185
　一、墨西哥政治制度抵御危机的能力加强 ········· 185
　二、墨西哥政治有序性提升 ····················· 186
　三、墨西哥制度化水平提高 ····················· 187
第四节　央地关系短期波动的可能性 ··············· 188
　小　结 ······································· 189

结　语 ····································· 190

参考文献 ··································· 195

后　记 ····································· 218

导　论

◆　**第一节　研究意义**　◆

从世界范围来看，中央与地方关系涉及到政治稳定、经济发展与社会和谐等各个层面，是每个国家处理国内政治事务时必须考虑的重大问题，长久以来也就自然成为学术界研究的热点。从中国的政治形势看，央地关系不仅是现阶段亟待厘清的政治难题，也将持续成为未来发展的制度与动力保证。2013 年中共十八届三中全会公报重点提到了中央与地方关系。"全党同志要把思想和行动统一到中央关于全面深化改革重大决策部署上来，正确处理中央和地方、全局和局部、当前和长远的关系，正确对待利益格局调整，充分发扬党内民主，坚决维护中央权威，保证政令畅通，坚定不移实现中央改革决策部署。"[①] 以至于有学者认为十八届三中全会的重点之一就

[①] 《中共中央关于全面深化改革若干重大问题的决定》，人民出版社 2013 年版，第 70 页。

在于调整央地关系。① 对于拉美国家来说，中央与地方关系也是困扰不少政府的难题。一方面，就法理而言，拉美几个大国实行联邦制，各国宪法规定了中央与地方的权力界限；但另一方面，从实际操作来看，联邦精神往往得不到落实，地方政府权力经常遭到中央政府的侵蚀。这种"应然"和"实然"之间的落差在墨西哥体现得最为明显。该国虽属于联邦制国家，但在 20 世纪长久处于一党集权统治之下。这说明制度设计并不能迅速转化成政治现实。在 20 世纪 80 年代的债务危机冲击下，墨西哥开始了大刀阔斧的改革，中央与地方关系也随之变动。所以，从宏观形势上说，不论是对中国、墨西哥还是世界其他国家而言，央地关系都是现阶段乃至将来很长时间内研究的重点与热点。

中央与地方权力关系问题研究，应成为拉美政治研究领域的重要课题。迄今拉美的政治研究多以民主化为主，包括民主转型、民主治理、民主巩固研究等等。拉美民主化研究之所以成为学界的兴趣点也源于这样一种困惑：为什么实行民主体制多年的拉美国家至今民主的制度化水平仍不高？拉美政治领域是否存在"低度民主陷阱"？能否通过研究拉美国家的央地关系体现其民主化进程？相关研究显示，中央向地方分权并不能直接导致民主治理程度的上升。以墨西哥为例，如果说把该国的政府层级设定为两级（联邦政府—州政府），中央分权无疑有利于民主的推进；但若是设定为三级（联邦

---

① 参见吴敬琏等主编：《中国未来经济改革与发展路径》，中国经济出版社 2013 年版。闫帅："迈向有效国家：改革进程中的中国国家能力变迁"，《华中科技大学学报（社会科学版）》2015 年第 2 期，第 10—17 页。任进："全面深化改革中的地方治理体系重构"，《学术前沿》2014 年第 4 期，第 30—36 页。张文魁："央地关系改革的合理方向"，《探索与争鸣》2015 年第 2 期，第 61—64 页。

政府—州政府—市政府），情况则要复杂得多。不少州政府攫取了大量权力，而市政府权力变化不大，造成分权链条的断裂。本书虽不会直接探讨央地关系与民主化进程的关系，但可以作为该领域研究的准备，为下一阶段研究打好基础。再则，政治的核心是权力，要认清国内政治形势或国际政治趋势必须以权力作为焦点。研究中央与地方关系也应将权力分配关系作为研究的重点。

◆ 第二节 中央—地方权力关系研究现状 ◆

一、事实层面研究

中国国内对央地关系事实层面的研究大多以中国为对象，研究基于两条线索进行。一条主线由时间展开，如楚双志的《晚清中央与地方关系演变史纲》；① 李国忠的《民国时期中央与地方关系》；杨海蛟的《新中国中央与地方关系沿革》；② 辛向阳的《百年博弈——中国中央与地方关系》则跨越了晚清、民国、新中国几个阶段，阐述了各自的特点并提出处理央地关系的新构想。③ 在各个历史阶段中，以新中国成立以来中国央地关系为主，尤其是对当代（自20世纪90年代以来）央地关系的研究占据了绝大多数。另一条主线围绕空间展开，史言信分析了中国中央与地方国有资产产权关系的沿革与现

---

① 楚双志著：《晚清中央与地方关系演变史纲》，中共中央党校出版社2006年版。
② 杨海蛟著：《新中国中央与地方关系沿革》，世界知识出版社2011年版。
③ 辛向阳著：《百年博弈——中国中央与地方关系》，山东人民出版社2000年版。

状，通过基于江西省的案例研究提出政策建议；① 安秀梅基于对甘肃省的实证调研论述了央地政府间的责任划分与支出分配。② 除了论述中国的央地关系之外，也有为数不多的中国学者关注了国外的央地关系，如胡康大的《欧盟主要国家中央与地方的关系》；③ 董礼胜的《欧盟成员国中央与地方关系的比较研究》。④

  国外的研究成果相较于国内更为丰富。普拉纳·K. 巴德汉（Pranab K. Bardhan）和狄丽普·莫克吉（Dilip Mookherjee）旨在找出权利和义务下放到地方政府的过程以及由这种转变产生的影响。他认为中央向地方分权有三种路径：突发性整体分权（如玻利维亚、印度尼西亚、1994年后的南非）、全面的政治分权加上部分的经济分权（如巴西和印度）、有限的政治分权与较多的经济和管理分权（如中国、巴基斯坦、乌干达和1994年以前的南非），并进一步指出分权的效果取决于当时的社会背景和操作的方式。⑤ 彼得·M. 沃德（Peter M. Ward）、罗伯特·H. 威尔逊（Robert H. Wilson）和彼得·K. 斯平克（Peter K. Spink）研究了分权进程对于地方政府政策效力的影响，发现地方政府在解读和操作来自中央政府的政策时具有不小的自由空

---

① 史言信著：《国有资产产权：中央与地方关系研究》，中国财政经济出版社2009年版。
② 安秀梅著：《中央与地方政府间的责任划分与支出分配研究》，中国财政经济出版社2007年版。
③ 胡康大著：《欧盟主要国家中央与地方的关系》，中国社会科学出版社2000年版。
④ 董礼胜著：《欧盟成员国中央与地方关系比较研究》，中国政法大学出版社2000年版。
⑤ Pranab K. Bardhan and Dilip Mookherjee, *Decentralization and Local Governance in Developing Countries: A Comparative Perspective.* Vol. 1, The MIT Press, 2006.

间，可根据自己的需求和时机进行调整。① 安德鲁·D. 舍里（Andrew D. Selee）在其博士论文中阐述了中央向地方分权与民主政治的关系。他发现之所以分权进程的民主化效果常常不尽如人意，是因为历史上集权传统仍在发挥作用，如集权时期遗留下的庇护主义。②

不少学者针对墨西哥的实际情况进行了深度研究。梅里利·S. 格林德（Merilee S. Grindle）是一位通过实证调查的方式研究墨西哥央地关系的著名学者。他以墨西哥为个案，选取六个州共30个市区样本作为研究对象，通过深入分析分权政策出台后地方政府和官员如何面对新责任和新资源，发现墨西哥各州存在较大差异，分权呈现动态特征。③ 阿尔伯托·迪亚兹—卡耶罗斯（Alberto Diaz-Cayeros）则是研究墨西哥财政分权的专家。他聚焦于20世纪拉美国家税收的分权研究，以墨西哥为主要研究对象，认为财政集权是联邦与地方政府基于各自利益讨价还价的结果。④ 肯特·伊顿（Kent Eaton）以历史的眼光分析了巴西、阿根廷、智利等拉美国家，将次国家政府作为关键变量，认为所谓的分权或集权都不过是国家对发展模式的探索。⑤ 安德鲁·D. 舍里认为发展中国家分权有自己的特点，分权

---

① Peter M. Ward, Robert H. Wilson, and Peter K. Spink, "Decentralization, Democracy and Sub-national Governance: Comparative Reflections for Policy-making in Brazil, Mexico and the US." *Regional Science Policy & Practice*, 2010, 2 (1): 51 – 62.

② Andrew D. Selee, The Paradox of Local Empowerment: Decentralization and Democratic Governance in Mexico. Dissertation paper, Maryland University, 2006.

③ Merilee S. Grindle, *Going Local—Decentralization, Democratization, and the Promise of Good Governance*, Princeton: Princeton University Press, 2007.

④ Alberto Diaz-Cayeros, *Federalism, Fiscal Authority, and Centralization in Latin America*, New York: Cambridge University Press, 2006.

⑤ Kent Eaton, *Politics Beyond the Capital—the Design of Subnational Institutions in South America*, Stanford: Stanford University Press, 2004.

与民主化进程不存在直接相关关系。他着重考察了墨西哥的非正式权力,认为墨西哥联邦政府所集中的正式权力与天生具有分散性的非正式权力发生了冲突,这种冲突需要由政治家来协调。① 韦恩·A. 科尼利厄斯(Wayne A. Cornelius)发现20世纪90年代地方政府逐渐强大起来,形成与总统和其他中央部门的对抗态势,这并不利于墨西哥的民主化进程,而且会加剧不平衡。② 朱利安·G. 萨拉查(Julian G. Salazar)对墨西哥的分权进程给予了更多的负面评论。他认为央地关系的调整虽加强了地方政府的能力和决策力,增加了地方政府获得资源的渠道,但总的影响是负面的,没有考虑到边缘化人群的利益和诉求。③

二、理论层面研究

就国内的理论研究成果而言,研究央地关系的老一辈专家薄贵利论述了中央与地方关系的几种主要模式,包括分割模式、分离模式、上位包含模式、下位包含模式、分割与下位包含并存模式、分权协作模式。④ 张千帆概括和总结了中央和地方关系的一般宪法原则与原理,系统回顾、比较并展望世界主要国家(尤其是大国)的中

---

① Andrew D. Selee, *Decentralization, Democratization, and Informal Power in Mexico*. Penn State Press, 2011.

② Wayne A. Cornelius, "Blind spots in democratization: Sub-national politics as a constraint on Mexico's transition." *Democratization*, 2000, 7 (3): 117 – 132.

③ Julian G. Salazar, "Decentralisation, Politics and Service Delivery in Mexico." *IDS Bulletin*, 2007, 38 (1): 70 – 76.

④ 薄贵利著:《中央与地方关系研究》,吉林大学出版社1991年版。

央和地方权力关系，以及这些权力关系模式对解决现实问题的作用。① 容志将央地关系的研究范式概括为结构主义、委托—代理、行为博弈、互动妥协、国家能力建设，并通过对这些研究范式进行梳理，分析了国内外学者对中国央地关系和地方主义问题的争论。② 叶敏、彭妍从历史文化主义、理性选择主义和制度主义对民众偏信中央政府进行了解释，并从政治图像、政治接触与经济增长三方面对形成"央强地弱"的政治信任结构的生成机制和生成结构进行了解析。③

国外学者对央地关系的理论研究著述颇丰。尼科尔·博乐耶尔（Nicole Bolleyer）认为分权的程度和类型决定了不同层级政府会选择何种制度安排来加强沟通与合作。④ 丹尼尔·特雷斯曼（Daniel Treisman）通过研究发现分权可能呈现好坏两种局面，其最终结果取决于防止了何种变化的发生。⑤ 克里斯托弗·米切尔（Christopher Mitchell）总结了相关学者在分权领域的研究成果，并在此基础上提出研究拉美分权进程的几点建议：具备跨学科理论知识；应特别关注伴随分权进程的社会和政策特点；重视影响拉美国家分权进程的

---

① 张千帆著：《国家主权与地方自治——中央与地方关系的法治化》，中国民主法制出版社 2012 年版。
② 容志："中国央地政府间关系的国内外争论：研究范式与评估"，《中共浙江省委党校学报》2009 年第 3 期，第 47—53 页。
③ 叶敏、彭妍："'央强地弱'政治信任结构的解析——关于央地关系一个新的阐释框架"，《甘肃行政学院学报》2010 年第 3 期，第 49—57 页。
④ Nicole Bolleyer, *Intergovernmental Cooperation—Rational Choices in Federal Systems and Beyond*, New York: Oxford University Press, 2009.
⑤ Daniel Treisman, *The Architecture of Government—Rethinking Political Decentralization*, New York: Cambridge University Press, 2007.

国际因素。① 艾米丽·E. 埃利亚斯（Emily E. Elías）强调了政治变量，特别是选举竞争在决定分权政策效果时起到的作用。② 同样，卡洛斯·L. 莫雷诺（Carlos L. Moreno）聚焦于竞争性选举与地方政府行政能力的关系，主张地方政府因下台的可能性而会对选民表现出更多责任感。③ 艾林·托帕（Aylin Topal）将分权进程与新自由主义联系起来。通过分权政策，新自由主义的竞争需求扩散至地方层级，创造出根据地方经济融入全球化进程的不同发展模式。文章认为可以通过考察盛行的地方活动以及从中生成的特定阶级动力模式加以分析。④ 埃里森·本顿（Allyson Benton）分析了对分权的政治操纵如何为中央集权政府提供支持，发现只要地方政府领导面临因战略失误带来的政治风险，地方政府就会提高办事效率和效果以确保来自中央的支持。⑤ 文彦·西都（Fumihiko Saito）以行为者角度（actor perspective）来观察地方政府的治理。文章特别强调具有不同利益诉求的行为者如何在不断变化的政治架构中互动，包括合作和竞争来解决地方事务。⑥

---

① Christopher Mitchell, "Advancing the Study of Decentralization and Federalism in Latin America." *Latin American Politics and Society*, 2008, 50 (2): 161–174.
② Emily E. Elías, The Implications of Electoral Competition for Fiscal Decentralization and Subnational Autonomy in Mexico. For the meeting of the Latin American Studies Association, 1988.
③ Carlos L. Moreno, Decentralization, Electoral Competition, and Local Government Performance in Mexico, Doctoral dissertation, University of Texas, Austin, 2005.
④ Aylin Topal, Global Processes and Local Consequences of Decentralization: A Sub-national Comparison in Mexico. *Regional Studies*, 2013: 1–14.
⑤ Allyson Benton, "How Does the Decentralization of Political Manipulation Strengthen National Electoral Authoritarian Regimes? Evidence from the Case of Mexico." APSA 2013 Annual Meeting Paper. 2013.
⑥ Fumihiko Saito, *Foundations for Local Governance: Decentralization in Comparative Perspective*. Springer Science & Business Media, 2008.

关于国外学者对于墨西哥央地关系的理论研究，首先要提到宾夕法尼亚大学政治学系的图里亚·G. 法莱蒂（Tulia G. Falleti）教授，他以拉美四国——巴西、阿根廷、墨西哥和哥伦比亚为研究对象，在路径依赖理论的基础上提出序贯理论（sequential theory），认为不同国家的分权序列将导致不同的分权效果。[1] 通过该理论，他发现墨西哥的分权化改革效果较阿根廷更为明显，但不如巴西和哥伦比亚那样彻底。蒂莫西·J. 古德斯皮德（Timothy J. Goodspeed）聚焦于地方政府财政分权的理论研究。他从地方政府资金来源与政府行为的关系出发，认为如果地方政府的主要财政收入来自地方税收，那么政府就会提高资金使用率，而且可以有效控制腐败；如果地方政府的主要财政收入来自中央转移支付，则很难监管政府的资金去向，容易滋生腐败。他利用墨西哥各州的面板数据来研究各州资金来源与各地方政府行为的关系，发现在财政分权化改革进程中，如果中央政府同时将财政创收权下放到地方政府，则地方政府将提高效率，减少腐败，反之就会增加腐败的程度。[2]

三、变动的动因研究

国内学者在谈到央地关系时会或多或少地提到其背后的动因。

---

[1] Tulia G. Falleti, *Decentralization and Subnational Politics in Latin America*, New York: Cambridge University Press, 2010.

[2] Timothy J. Goodspeed, "Corruption, Accountability, and Decentralization: Theory and Evidence from Mexico", *Documents de Treball IEB*, 2011, 32: 1–38, http://dialnet.unirioja.es/descarga/articulo/3780265.pdf.

朱丘祥提出中国税权划分的动力来源于财政压力。①欧阳日辉认为中央与地方关系的变迁源于基于利益关系的政府间竞争。②金太军、赵晖在《中央与地方政府关系建构与调谐》一书中论述了央地关系变迁在不同时期存在不同的主导力量，如由中央政府主导、由地方政府推进、由市场主导等等。③

从国外研究来看，巴德汉认为扩大地方政府权力的目的是为了增强责任感以及更好地回应人民诉求以期提供更优的公共产品和服务。④埃里森·M. 罗兰德（Allison M. Rowland）通过研究发现人口是决定分权效果的重要因素。不少市政府在分权潮流中面临着行政和管理方面的诸多挑战，而这些挑战又和当地人口数量存在密切关系。⑤阿尔弗雷德·P. 蒙特罗（Alfred P. Montero）采取冲突模式来解释央地关系调整的动因，认为基于权力与资源分配的争夺和冲突是理解分权进程的关键。⑥

专门探讨墨西哥央地关系变化动因的文献并不多，豪尔赫·A. 斯基亚文（Jorge A. Schiavon）认为国家联邦宪制安排不足以说明不同层级政府的分权模式，除了联邦宪制安排外，分权还需税收权的下放

---

① 朱丘祥著：《分税与宪政——中央与地方财政分权的价值与逻辑》，知识产权出版社 2008 年版。
② 欧阳日辉著：《宏观调控中的中央与地方关系》，中国财政经济出版社 2008 年版。
③ 金太军、赵晖著：《中央与地方政府关系建构与调谐》，广东人民出版社 2005 年版。
④ Pranab K. Bardhan and Dilip Mookherjee, *Decentralization and local governance in developing countries: a comparative perspective.* Vol. 1, The MIT Press, 2006.
⑤ Allison M. Rowland, "Population as a Determinant of Local Outcomes Under Decentralization: Illustrations from Small Municipalities in Bolivia and Mexico", *World Development*, 2001, 29 (8): 1373–1389.
⑥ Alfred P. Montero, "After Decentralization: Patterns of Intergovernmental Conflict in Argentina, Brazil, Spain, and Mexico." *Publius*, 2001, 31 (4): 43–64.

以及政党的分化,只有这样,地方政府才能拥有实权并抵制中央政府。[1] 在谈到墨西哥地方政府为何活跃于国际事务时,他强调了两方面的动因:全球化带来的更为紧密的相互依存以及其国内民主化催生的结构调整。[2] 维多利亚·E. 罗德里格斯（Victoria E. Rodríguez）为墨西哥的分权进程的动因提出了一个关键问题:分权的目的是为了单纯强化地方权力还是一种确保中央统治地位的权宜之计? 作者在比较了德拉马德里和萨利纳斯两届政府后,很显然倾向于后一种解释。[3]

四、墨西哥政治转型研究

从根本上说,墨西哥央地关系属于该国政治的研究范畴,所以央地关系的变化与该国政治转型密切相关。中国国内学者主要关注墨西哥的政治发展和变迁研究。曾昭耀从墨西哥政治模式的形成入手,剖析了其政治模式的结构特点和稳定功能及其背后的原因,评述了墨西哥政治模式面临的挑战和发展前景。[4] 徐世澄介绍了墨西哥自20世纪初以来的政治发展史,对该国在20世纪后半期经历的政

---

[1] Jorge A. Schiavon, "The Central-local Division of Power in the Americas and Renewed Mexican Federalism: Old Institutions, New Political Realities." *International Journal of Constitutional Law*, 2006, 4 (2): 392 – 410.

[2] Jorge A. Schiavon, "Sub-State Diplomacy in Mexico." *The Hague Journal of Diplomacy*, 2010, 5 (1 – 2): 65 – 97.

[3] Victoria E. Rodríguez, "The Politics of Decentralisation in Mexico: From Municipio Libre to Solidaridad." *Bulletin of Latin American Research*, 1993, 12 (2): 133 – 145.

[4] 曾昭耀著:《政治稳定与现代化——墨西哥政治模式的历史考察》,东方出版社1996年版。

治经济发展模式的巨大变化做了深入分析。① 孙若彦以墨西哥 1994 年加入北美自由贸易区（North American Free Trade Area, NAFTA）为背景，探讨了该国在进行重大战略转变时内部发展与外部影响的关系，以及政治变革与经济发展的关系。② 袁东振将墨西哥的政治经济转型与该国可治理性相联系，指出在 20 世纪 80 年代后经济、社会和政治转型过程中，墨西哥出现了新的动荡和不稳定，体制缺陷进一步暴露，各阶层不满情绪增长，有关当局驾驭危机和应对矛盾的能力下降，出现了新的可治理性危机。③

在国外研究方面，谈到墨西哥政治，首先要提到美国克莱蒙特麦肯纳学院的罗德里克·A. 坎普（Roderic A. Camp）教授。他出版了大量关于墨西哥政治的著作，而且基本属于研究墨西哥政治的基础性学术著作，更专注于墨西哥民主化进程的考察。④ 艾米丽·埃德蒙兹—波利（Emily Edmonds-Poli）和大卫·A. 舍克（David A. Shirk）聚焦于墨西哥宪法的联邦主义性质和实际集权统治之间的分野，以宏观的视角介绍了墨西哥政治制度的由来、政府结构和政党选举的特点及其影响。⑤ 豪尔赫·I. 多明格斯（Jorge I. Domínguez）主要探讨了

---

① 徐世澄著：《墨西哥革命制度党的兴衰》，世界知识出版社 2009 年版。
② 孙若彦著：《经济全球化与墨西哥对外战略的转变》，中国社会科学出版社 2004 年版。
③ 袁东振："墨西哥的政治经济转型与可治理性问题"，《拉丁美洲研究》2010 年第 4 期，第 14—19 页。
④ 参见 Roderic A. Camp, *Politics in Mexico, the Democratic Consolidation?* 5th edition, New York: Oxford University Press, 2007. *The Metamorphosis of Leadership in a Democratic Mexico*, New York: Oxford University Press, 2010. *Mexico, What Everyone Needs to Know*, New York: Oxford University Press, 2011. *Oxford Handbook of Mexican Politics*, New York: Oxford University Press, 2012。
⑤ Emily Edmonds-Poli, David A. Shirk. *Contemporary Mexican Politics*, Lanham: Rowman and Littlefield Publishers, 2009.

自20世纪90年代以来墨西哥的政治变迁,包括经济问题和政策背后的政治因素,如革命制度党的式微,国内抗议力量(如萨帕塔起义)的作用以及国会、最高法院和地方政府权力的相对上升。[1] 乔纳森·福克斯(Jonathan Fox)主要关注墨西哥国家和社会的关系。他指出,墨西哥"国家—社会"关系仍处于变迁的过程中,带有很大的不确定性。与此同时,社会的民主倾向和政治制衡结构催生了一种"市民感"——"享有权利的权利"。[2]

纵观国内外已有的研究,存在以下不足:第一,绝大多数研究对权力认识不够细化,只聚焦于政治和财政分权,忽视了社会权力的分配;第二,在探讨央地关系变迁的原因时,动因呈现零散分化的局面,这不利于寻找央地关系变迁的规律;第三,针对墨西哥的央地关系研究主要集中于20世纪80年代至21世纪初,在时间的跨度上不足以总结出关系变迁的规律;第四,对于国内研究,在谈到中国的央地关系时缺少比较的视角。

◆ 第三节 本书结构 ◆

第一章主要辨析涉及本书主题的几个关键词:中央、地方、权力关系与动因机制。概念是研究的基础,厘清概念的适用范围和内

---

[1] Jorge I. Domínguez, "The Scholarly Study of Mexican Politics." *Mexican Studies/Estudios Mexicanos*, 2004, 20 (2): 377–410.

[2] Jonathan Fox, "State-Society Relations in Mexico: Historical Legacies and Contemporary Trends." *Latin American Research Review*, 2000, 35 (2): 183–203.

涵边界有利于研究的信度和效度。该部分将着重阐述这些概念在墨西哥体制和语境中的涵义。

第二章考量墨西哥中央—地方权力关系的形成和稳固。这涉及到墨西哥在殖民时期的政权形式和独立后的政体特点，重点分析1982年墨西哥爆发债务危机之前的央地关系。该时期的央地关系可分为两个阶段：从混乱到稳定阶段（1917—1934年）；从稳定到集权阶段（1934—1982年）。在第一阶段，墨西哥主要处于非政党政治时期，并未随着现行宪法的颁布而获得其国内"大治"，相反，考迪罗割据加剧了政局混乱的情形。直到1929年成立墨西哥的第一个政党——"国民革命党"（Partido Nacional Revolucionario，PNR，革命制度党的前身），由此开始了墨西哥的现代政党政治历史，也确保了之后墨西哥的政治变迁（包括央地关系变化）都是在此基础上进行的。总的来说，该时期墨西哥的央地关系呈现出中央不断收紧权力的趋势。选择1934年作为前两个阶段的分隔年是因为在这一年卡德纳斯上台，在墨西哥全国范围内采用了充斥着集权色彩的职团结构治理模式，从此中央将一切政治活动都纳入革命制度党（Partido Revolucionario Institucional，PRI）的体制化范畴。该章最后部分阐明了该时期央地关系演变的主要动因，即革命后的政治危机和政党结构变化。

第三章探讨了债务危机后墨西哥央地关系的变化。1982年是墨西哥历史上的转折点，也是权力关系变化的分水岭。债务危机对墨西哥的经济形势、政治制度和社会发展造成了重大冲击。从这一年开始，墨西哥央地关系逐渐由中央集权转向央地分权。这一时期分为两个阶段：松动与分权阶段（1982—2000年）以及动态调整阶段

(2000—2012年)。前一阶段，债务危机引发连锁反应，执政党内出现分裂，社会团体的影响增加，墨西哥不得不对央地关系做出重大调整，通过修宪等方式，中央将大量权力下放到地方政府。2000年国家行动党（Partido de Acción Nacional，PAN）在大选中胜出，成为自墨西哥革命以来首个取代革命制度党的执政党，这一年也成为墨西哥政治史上具有标志性意义的一年。该阶段央地关系的变化主要基于经济危机和政党结构两个动因，在该时期的后一阶段，即自国家行动党福克斯上台到2012年革命制度党再次执政，央地关系出现了新的特点：在总体分权的趋势下保持着权力的有限集中。决定这一阶段央地关系走向的两大动因分别是社会危机和政党结构变化。

第四章是本书的重中之重，主要分析墨西哥中央—地方权力关系变化的动因机制，力图从墨西哥央地关系三次变化的背后找出共同的核心动因。通过前文的分析可以看出，墨西哥央地关系三次变化的共同原因都是现实危机和政党结构。这二者自然就成为央地关系变化的核心动因。该章试图说明，二者不只是单独发挥作用，更会通过相互作用产生合力共同作用于央地关系的变化。一方面，现实危机会加速暴露政党结构的弱点，引发政权危机。政党结构会在危机的冲击下做出相应调整，以维护政权稳定或保持执政地位。每一次的现实危机都会促使政党结构发生一定程度的改变。另一方面，政党结构在不断调整的过程中也在持续提高自身"免疫力"，增强对危机的抵制作用，这样一种合力决定了央地关系的演变呈现舒缓趋势。纵观墨西哥革命以来的历史，可以印证这一动因机制的解读视角：央地关系在几个关键时间点都有所变化，且呈现出某种"钟摆效应"，但其调整幅度或曰"钟摆"

的摆幅在逐步减小。

第五章是展望墨西哥央地关系的未来发展趋势。基于前文的动因机制以及央地关系现状，做出对墨西哥央地关系未来发展的理性和谨慎判断：只要限定现实危机的破坏力区间，政党结构会在稳中求变，不会有颠覆性变化，央地关系也将不断得到巩固和稳定。

结语部分首先对全书内容和结论做出总结，并试着探讨对中国的启示，分析墨西哥央地关系的动因机制至少部分适用于分析中国的情况。中国现阶段大力提倡的"简政放权"无疑也具有现实危机（比如制度红利减少）和政党结构的原因。二者组成的动因机制将怎样左右中国央地关系的变迁将成为下一阶段的研究重点。

◆ 第四节　理论模型 ◆

对长达近百年的墨西哥央地关系进行研究需要划分不同时段。通过阐述清楚每个时段央地关系的典型特征，考量央地关系的变化趋势。由此，拟将墨西哥央地关系分为四个阶段：

1917—1934 年：央地关系从混乱走向稳定阶段；

1934—1982 年：央地关系的集权阶段；

1982—2000 年：央地关系的分权阶段；

2000—2012 年：央地关系的动态调整阶段。

如此分期基于以下考虑：1917 年墨西哥革命之后颁布了墨西哥宪法，从制度上保证了之后墨西哥所有政治变动都在该宪法的框架中进行，自然这一年就成为本书研究的时间起点。墨西哥革命本身并没有解决该国的一切政治问题，宪法的很多规定没有得到有效执行，导致政局不稳和考迪罗割据，直到1929年才建立了国民革命党，由此墨西哥逐渐走向政党政治。随着1934年卡德纳斯上台，墨西哥的政治关系，包括央地关系逐渐从混乱走向稳定。卡德纳斯执政后进行了广泛的政治改革，确立了职团主义的统治模式，推进土地改革和国有化，造成中央高度集权，这种情况一直延续到20世纪80年代初。1982年墨西哥爆发了债务危机，为了缓解危机造成的执政压力及获取国际援助，联邦政府开始下放权力到地方。地方政府在获得政治、财政与社会管理权力之后变得活跃起来。2000年是墨西哥政治史上具有重要意义的一年。这一年，连续执政71的革命制度党在大选中落败，标志着一个新阶段的开始。从2000年开始，墨西哥央地关系呈现出动态调整的态势。2012年革命制度党通过选举再次上台执政，标志着该党自我调整周期的完成以及21世纪第一个央地关系阶段的形成。

通过观察每个阶段的央地关系，可以发现每次关系调整的背后都有一定的动因，而且这些动因还保持着某种一致性。央地关系从混乱走向稳定，其背后的因素是当时国内的政治危机和政党结构；央地关系从集权走向分权，其背后的动因是经济危机和政党结构；央地关系从分权走向动态调整，其背后的原因是社会危机和政党结构。由此可以看出，墨西哥央地关系的变化都是和现实危机与政党结构高度相关的。那么，这二者就成为央地关系变化的核心因素（参见图1）。

从图1可见，决定墨西哥央地关系的有两个核心因素：现实危

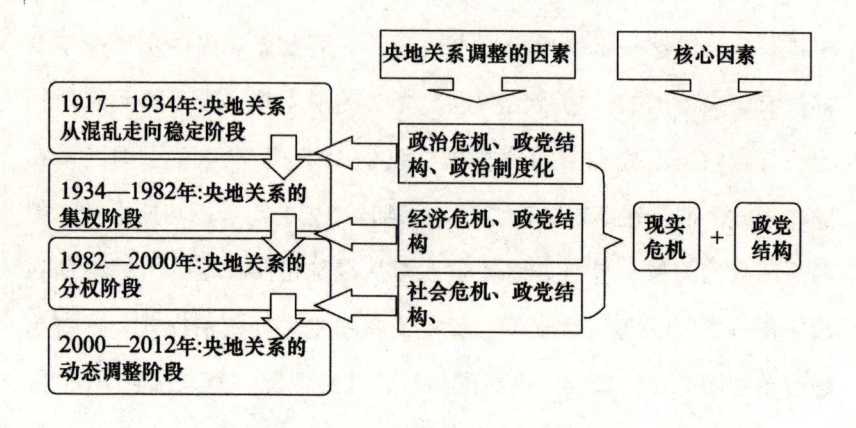

图1 墨西哥央地关系变化及核心因素

机与政党结构,除了单独对央地关系造成影响外,二者之间还存在相互作用,由此形成动因机制。二者之间的相互作用决定了中央与地方的权力分配状况(参见图2)。

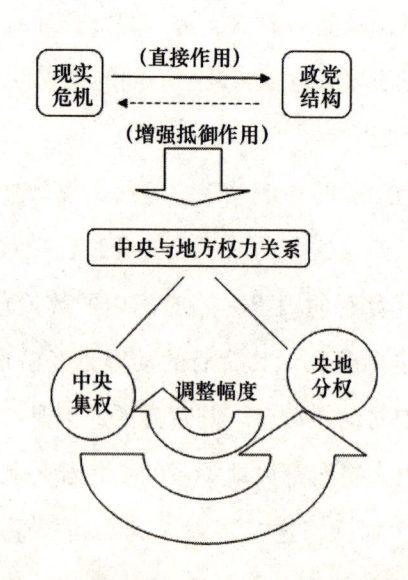

图2 墨西哥央地关系变化的动因机制

第五节　研究方法

本书在研究中拟采用以下方法：

建模分析法。在回顾国内外关于央地关系的理论基础上依据已建立的"事实库"构建本书的分析模型。

实证分析法。以墨西哥政治史为主轴，搜集、整理墨西哥政治权力纵向分配的相关文献，对重特大事件做社会史叙述，采取个案分析与数据分析相结合的方法。

理论研究分析法。以民主化理论、结构主义理论、分权理论、联邦制理论、动因理论、路径依赖理论为指导，对墨西哥中央与地方权力关系进行学理分析。

比较分析法。对中国和墨西哥的央地关系进行比较，提出各自的变迁特点，进而说明墨西哥央地关系动因机制对于中国的启示。

第一章 概念与理论辨析：中央、地方、权力关系

第一节 中央与地方

在本书中，"中央"、"地方"均是强调政治属性的概念，代表着"中央政府"和"地方政府"。

一、中央

中央政府是指一个国家中最高的政权机构，包括在全国范围内总揽国家政务的机关及其下设的各管理部门，在整个政治体系中处于最高和最核心的地位。在不同的政治体制中，中央政府有着不同的地位和作用：

（一）联邦制度中的中央政府

联邦制是政府组织的一种构成形式，在这种结构中，政治权力

由中央政府和地方政府共享，双方不存在上下级关系。① 在联邦制政体中，中央政府一般掌握事关国家利益的权力，如军队、外交以及其他涉及全国层面的事务。

（二）单一制度中的中央政府

单一制是指由中央政府掌握国家核心权力的一种政治制度。在这种政体中，国家的统治权力只属于中央政府，中央政府有权决定地方政府的权力范围、财政支出、各州（省或区）边界的划定，甚至是否有存续的必要。

尽管中央政府的权力在不同的政府体制下有所不同，如实行联邦制和实行单一制体制的中央政府的权力范围就有较大的差别，但各国中央政府仍有许多共同之处，掌握一些特有的权力：

第一，在国际事务中，中央政府是国家的唯一代表，是国家主权的象征。作为国际法主体，中央政府有权与他国或国际组织签订条约、行使国家职能并履行国际义务。

第二，在处理具有全国性意义的事务时，中央政府掌握立法、行政与司法的最高权力。此外，中央政府有掌管国家国防事务的权力。武装力量的最高指挥仅属于中央政府。

第三，中央政府掌握财政权。在联邦制政府体制下虽然对中央政府的这种权力有所限制，但其中的一些重要权力，如货币发行、

---

① 在联邦制度下，一般称为"联邦政府"和"地方政府"。但为了论述的方便，本书将联邦制度下的"联邦政府"也称为"中央政府"，特此说明。

公债发行、财政预算等权力仍然属于中央政府。①

本书中的墨西哥中央政府即联邦政府。在20世纪的大部分时间里，相较于美洲其他联邦制国家，墨西哥联邦制度的特点是在联邦宪法的框架内中央高度集权。作为国家元首和政府首脑，总统是权力集中的高度体现。首先，行政权集中在总统一人手中。根据墨西哥现行宪法第80条，"联邦最高行政权由单独一人行使，这个人称为'墨西哥合众国总统'"。② 其次，墨西哥虽然从法律层面规定了立法、行政、司法三权分立，但长期以来总统享有相当大的立法权和司法权。而且，以总统为代表的行政权并不是同立法权和司法权并列的，而是凌驾于它们之上的。③

二、地方

"地方"即"地方政府"，是相对于"中央政府"而言的。地方政府是管辖范围和权力均被限定于一国部分区域的政治机构。④ 地方政府是国家政策的具体执行主体，在中央政府与普通民众之间起着中介与桥梁的作用。在联邦制和单一制国家中，地方政府有着不同的角色和作用。

---

① 陈子明等：《现代政治学导论》，宁夏人民出版社1988年版，第28—29页。
② 《墨西哥合众国宪法》，姜士林等主编：《世界宪法全书》，青岛出版社1997年版，第1638页。
③ 徐世澄著：《墨西哥政治经济改革及模式转换》，世界知识出版社2004年版，第75页。
④ 邓正来主编：《布莱克维尔政治学百科全书》，中国政法大学出版社1992年版，第422页。

(一) 联邦制度中的地方政府

在联邦制政体中,地方政府一般是州政府和市政府的统称。它有着较为鲜明的自治性,与民众的联系更为直接,能够通过当地政府官员执行其出台的政策来更有效地提供社会服务,如警察、消防、司法和中小学教育等。从属性上说,联邦体制的地方政府享有和中央政府平行的权力,双方没有从属关系。

(二) 单一制度中的地方政府

在单一制政体中,除中央政府外,也存在着不同层级的地方政府。虽然地方政府有权管理区域内事务,但这种权力从根本上说是中央政府授予的,其财政和政治权力都来自于中央政府的决定。因此,地方政府和中央政府属于不同等级的政治结构,前者对后者具有一定从属性。

墨西哥的地方政府主要包括州政府和市政府。由于篇幅所限,书中的"地方政府"只限于墨西哥州政府的讨论。在20世纪80年代之前,墨西哥州政府很大程度上隶属于中央政府,没有太多的自主性可言,相当于中央政府在地方的代理。作为州政府的最高领导者,州长也只是总统在地方的代表,他们履行联邦政府的计划,以及落实总统的意愿。所以,他们曾一度被学者称为代表国王管辖"行省"的"现代总督"。[1]

---

[1] Peter M. Ward, and Victoria E. Rodriguez, "New Federalism, Intra-governmental Relations and Co-governance in Mexico", in *Journal of Latin American Studies*, Vol. 31, No. 3, 1999, p. 675.

第二节 权力关系

权力关系是指权力主体之间的互动关系，在本书中特指不同层级政府间的关系，即中央政府与地方政府的关系。随着社会关系的复杂程度日益提高，需要对现代社会进行分层式管理，这就要求在中央政府与地方政府之间进行纵向的权力划分，形成"中央—地方"的纵向权力结构。在不同政体的国家中，中央政府与地方政府的权力关系往往是决定政府总体资源配置和社会调控方式的决定性因素。

从法理原则上讲，政府权力的纵向分配主要可体现为两种类型。第一种是保留权力的分权原则。根据这一原则，地方政府权力是固有的，而中央政府权力是来自于地方政府自下而上的让渡。所以，在划分双方权力边界时，中央政府的权力采取列举的方法，而地方政府的权力采取保留的办法。也就是说，中央政府的权力在宪法或法律中应有明确界定，除了少数列举的条款外，未加列举的权力都归属于地方政府。中央政府与地方政府的权力范围由此得以确定，双方各司其职。以此种方式界定中央和地方政府权力的典型国家是美国。美国宪法第十修正案明确规定："凡宪法所未授予联邦或未禁止各州行使的权力，皆由各州或人民保留。"第二种是授予权力的集权原则。根据这一原则，地方政府的权力源于中央政府的授予。在进行政府间权力划分时，国家权力从本质上属于中央政府，地方政府的权力在宪法和法律上并未得到明确界定，显得较为模糊。中央政府能够对地方政府的权力进行干预和调整。①

根据政府间纵向权力结构，中央政府和地方政府的权力关系可划分为中央集权结构、地方分权结构、均权结构和联邦结构四种类型。②

一、中央集权结构

中央集权结构的特点是中央政府掌控了国家的统治权，在社会整体运作过程中具有核心作用。地方政府的权力来自于中央政府的授予，中央政府与地方政府形成上下级关系。由此，地方政府受到中央政府的领导和约束，必须严格服从中央政府的权威。所以，二者之间并不存在真正的权力划分，只有对职能范围的界定。中央政府能够决定地方政府的权力范围，并根据实际情况对地方政府的权力进行调整。

从一般意义上说，中央集权结构有助于维护中央政府的权威和社会的稳定，以及有效调节全国范围内的资源分配。对于一些发展中国家（如中国）来说，各地区不同的资源禀赋造成了地区间发展的不平衡，这就需要依靠中央政府从整体上对社会资源进行适当的倾斜和配置。当然，中央集权结构也具有明显的缺陷，如地方政府的积极性和创造性容易受到遏制。

---

① 孙关宏、胡雨春主编：《政治学》，复旦大学出版社2002年版，第77页。
② 林尚立著：《国内政府间关系》，浙江人民出版社1998年版，第25—40页。

二、地方分权结构

地方分权结构的基础在于地方政府享有自治权。中央政府的权力来自于地方政府的权力让渡,中央政府的职能自然更多地被认为是地方政府职能的辅助。宪法和法律明确界定中央政府和地方政府的权限。中央政府一般掌握全国层面的总体事务,如外交、军事等权力。地方政府具有较高程度的自治权,可自主管理本地区内事务,一般不受来自中央政府的直接干预。

地方分权结构有利于调动地方政府的积极性和创造性,但在该结构中,地方政府具有较高程度的离心倾向,为中央政府调动和整合全国资源构成了阻碍,也不利于统一市场与稳定社会的形成和维持。

三、均权结构

均权结构是在整合了中央集权结构和地方分权结构两种权力分配模式的基础上形成的,旨在确保权力分配的均衡性和有序性,以提高国内政治事务运作的效率与公平性。该结构以坚持中央集权为前提,虽承认地方政府权力来自于中央政府的授予,但强调二者的职权范围通过明确的法律条文加以规定和约束。"授权的制度化和法律化,是均权结构和集权结构最根本的差别之所在。"[1] 在这种制度

---

[1] 焦健著:《当代中国廉政制度预设新论》,天津人民出版社2006年版,第195页。

安排下，中央政府只能在法律制度的框架内依法通过诸如人事调控等手段间接实现对地方政府的领导。均权结构能够有效地避免中央集权结构中地方政府权力过于受限的问题，同时也能规避地方分权结构中地方政府离心倾向的增长。

四、联邦结构

在联邦制结构中，联邦政府和地方政府均属于具有各自独立权力范围的政治实体。当然，在实际政治生活中，双方某些权力可能因界定不明确而产生冲突。英国著名政治评论家詹姆斯·布莱斯（James Bryce）曾如此评论联邦制的政府间关系，"联邦制好似一座巨型工厂，里面有两台机器轰隆运转，机器的轮子相互交错、传送带相互交叉，但总体来说每台机器都有条不紊地工作着，并未影响到对方"。[①] 因为联邦制政体要求联邦政府和地方政府都应当在各自的范围内行使权力，所以制定能够界定各自权力范围的宪法就显得尤为关键。联邦政府和地方政府（特别是州/省政府）都从各自通过的宪法中得到授权，为不同对象群体的民众服务。如果缺少了宪法的约束，联邦政府极易侵害地方政府的权力，造成权力失序的状态。

联邦结构要求中央政府与地方政府的权责由宪法及相关法律进行明确界定，二者属于相互独立的权力体系，不同层级政府之间没有从属性。该结构的典型代表是美国。在承认法律上的相互独立地

---

① James Bryce, *The American Commonwealth*, Vol. 1, Indianapolis: Liberty Fund, Inc., 1995, p. 287.

位的前提下，中央政府和地方政府形成合作而非领导与被领导的关系。联邦结构最根本的特征是在一种权力开放的背景下实行不干预原则，双方均无权干涉对方独立的权力范围。这样一种权力体系能够确保在建设较大规模国家的同时不损害民主的存在与发展。

大体来说，在联邦制政体中，中央与地方的权力关系显得较为分散，而在单一制政体中，国家权力更加可能集中在中央政府手中。但应该看到，政府纵向权力关系在实际运作中是错综复杂的，一个国家中央政府和地方政府的权力关系与该国政体之间并不存在绝对对应的关系，有可能出现单一制政体中权威涣散，或联邦制政体中地方政府频繁受到中央政府干预的局面。[①] 在墨西哥，中央政府与地方政府的权力关系就体现出这种特性，即联邦结构下的中央集权特征。1917年颁布的宪法是墨西哥现行宪法（后经多次修订），规定：墨西哥政体为代议制民主联邦共和国，由自由的、对内拥有主权的独立州组成。[②] 联邦政府实行立法、司法、行政三权分立。立法权属于参、众两院组成的议会。众议院每3年选举一次，参议院每6年选举一次。由共和国总统行使行政权，总统任期6年，不得连选连任。各州的政权分别属于州政府、州议会和地方法院。关于央地关系的规定主要体现在宪法的第五编中。该编主要规定了对州权力的限制，如根据宪法第117条，"在任何情况下，各州不得与其他州和外部强国缔结盟约、条约或联合，不得铸造货币，发行货币、邮票

[①] 孙关宏、胡雨春主编：《政治学》，复旦大学出版社2002年版，第77—79页。
[②] 《墨西哥合众国宪法》，姜士林等主编：《世界宪法全书》，青岛出版社1997年版，第1622页。

和印花，不得对过境人员或货物征收过境税等等"。① 但同时，作为对州权力的补充，宪法第124条规定"本宪法没有明确授予联邦官员的职权应视为保留给各州所有"。② 在实际的操作层面上，如同前文讲到的，墨西哥州政府长期为中央政府充当代理人的角色。但是即便如此，州政府也从没有放弃争取地方自治的努力，其中一个重要因素是客观要求使然。墨西哥是拉美大国，国家的区域特性和社会生活的复杂性增加了统一管理的难度。在这种情况下，州长不可能简单充当总统的地方代理，反之他们需要获得足够的自治权来管理各个政治群体、满足诉求、分配利益以及提前化解潜在的危机。③ 因此，在看待墨西哥央地关系时，最好能视之为一个动态的演进过程，找出其在不同阶段的表现特征，并根据这些特征分析其变化规律和发展趋势。

◆ 小　　结 ◆

厘清相关概念是进行系统分析的必要前提。要寻找墨西哥央地关系的发展轨迹与背后的动因机制，首先要明确"中央"、"地方"以及"权力关系"的含义。在本书中，"中央"和"地方"并非单

---

① 《墨西哥合众国宪法》，姜士林等主编：《世界宪法全书》，青岛出版社1997年版，第1646页。
② 同上书，第1650页。
③ Rogelio Hernández-Rodríguez, "The Renovation of Old Institutions: State Governors and the Political Transition in Mexico", in *Latin American Politics and Society*, 2003, 45 (4): 103–104.

纯的地理用语，而是带有强烈政治属性的概念，分别代表着"中央政府"和"地方政府"。一般来说，在不同的政治体制中，二者具有不同的特性与地位。在联邦制政体中，政治权力由中央政府与地方政府共享，双方不存在上下级关系；在单一制政体中，国家的统治权力只属于中央政府，地方政府权力来自中央政府的授权，二者存在上下级关系。墨西哥虽实行联邦制政体，但在20世纪80年代之前，相较于美洲其他联邦制国家，该国在联邦宪法的框架内实行高度中央集权，州政府很大程度上隶属于中央政府，并无太多自主性可言。

"权力关系"在本书中特指不同层级政府之间的关系，即中央政府与地方政府的关系。根据政府间纵向权力结构，中央政府与地方政府的权力关系可划分为中央集权结构、地方分权结构、均权结构和联邦结构四种类型。墨西哥的特殊之处在于，该国政治长时间体现了联邦结构下的中央集权特征。为了适应时代的要求以及解决发展的难题，墨西哥进行了分权和重新有限集权的尝试，可谓将这四种权力分配的类型都进行了逐一实践。正因如此，考察墨西哥央地关系的变迁有助于提升对政府间纵向权力结构的普遍性认识。

第二章 墨西哥央地关系的形成和稳固

第一节 央地关系的形成和特点

一、央地关系的形成

(一) 殖民统治时期央地关系的起源

墨西哥央地关系的形成不是一蹴而就的,其形成过程要追溯到西班牙对其殖民统治时期。在高度集权的殖民统治时期,西班牙国王是权力的中心。他名义上掌控着王国内所有的土地、水域和矿产,同时也负责任命所有政府官员。国王是所有臣民精神和世俗的最高领导。1255 年通过的《皇家宪章》宣称国王是神灵在人间的代理,国王有权解释神灵的意志。所以,任何对皇室统治的质疑都会被视为对现存政治秩序的挑战和宗教信仰的攻击。[1]

---

[1] Rosa Carmelo, "El cura y el alcalde mayor", in Woodrow Borah, ed., *El gobierno provincial en la Nueva España: 1570 – 1787*, Mexico City: Instituto de Investigaciones Históricas, Universidad Nacional Autónoma de México, 1985, pp. 149 – 150.

为了处理新大陆越来越复杂的行政事务，卡洛斯五世于1524年建立了西印度事务委员会（Council of the Indies），它实际上成为管理美洲殖民地事务的最高权力机构。该委员会由1名主席和8名委员组成，负责监管殖民地政治、教会和司法事务。这9个人直接听命于国王。①

因为西印度事务委员会设于西班牙本土，而且从西班牙到新大陆往返一次的时间长达半年，所以对于日常事务的管理明显需要相关官员固定驻扎在该区域。西班牙皇室就将王国划分成大的行政区域，称为总督辖区（viceroyalties），每个辖区由总督（viceroy）负责。最初设立了两大总督辖区，分别是新西班牙总督辖区和秘鲁总督辖区。新西班牙总督辖区的首府位于墨西哥城，辖区范围包括从哥斯达黎加到加利福尼亚、佛罗里达、菲律宾群岛、西班牙在加勒比海的殖民地以及部分委内瑞拉。在整个殖民统治时期，作为总督辖区首府的墨西哥城对墨西哥有至关重要的影响。②

殖民地的经济利益加上地理位置远离西班牙本土，总督在新大陆执行的政策很容易与皇室法令冲突。由于西班牙皇室鞭长莫及，新大陆的官员普遍持有"我服从但我不执行"的态度（Obedezco pero no cumplo）。一旦来自皇室的命令与当地利益发生冲突，总督可以通过要求得到进一步说明来拖延执行命令的时间，有些甚至被延迟一年以上才得以执行。此外，总督还经常玩文字游戏以确保利益不受损害。例如，1585年皇室颁布法令，规定禁止从特拉斯卡拉

---

① Peter Backwell, *A History of Latin America*, Oxford: Blackwell, 1997, pp. 120 – 121.
② James Lockhart, "Introduction", in Ida Altman and James Lockhart, eds., *Provinces of Early Mexico*, Los Angeles CA: UCLA Latin American Center, 1976, p. 6.

(Tlaxcala)搜刮贡品,而新西班牙当局故意将"贡品"(tributo)一词曲解为"认可"(reconocimiento),继续从当地获取利益。通过这种方式,殖民地当局能够继续获得财富,同时也避免了公然违背国王的法令。① 历史学家约翰·林奇(John Lynch)对此评论道,"通常在中央权威的需求和地方权力机构所能容忍的范围之间会达成一种双方都能接受的妥协"。②

国王有权向地方检审法庭(audiencia)任命法官,检审法庭是墨西哥最高上诉法庭,也是一种协商机构。在 1535 年总督到来之前,检审法庭既行使行政权,又行使司法权。检审法庭的存在限制了总督的权力,并且在有需要的时候对总督进行问责。

为方便管辖,新西班牙被划分为多个省级行政区。新加利西亚(Nueva Galicia)是最早、最著名的行政区之一,包括瓜达拉哈拉城(Guadalajara)。最终,新西班牙形成了 21 个这样的省级行政区,范围从哥斯达黎加一直延伸到加利福尼亚。都督(governor)作为一省政治首领和军队司令,负责该省的事务。同时,他也拥有司法和行政权力,并且主持该省首府的城市委员会。这些省级行政区与墨西哥城距离遥远,加上通信不便,各省都督抗拒执行上级命令的事件时有发生。③

省级行政区以下称为市级行政区(alcaldías mayores),通常由几

---

① Philip L. Russell. *The History of Mexico*: *From Pre-Conquest to Present*, New York: Taylor & Francis, 2010, p. 29.
② John Lynch, "The Institutional Framework of Colonial Spanish America", Journal of Latin American Studies, 1992 (24): 69 – 81.
③ Timothy E. Anna. *Forging Mexico*, *1821 – 1835*, Lincoln NE: University of Nebraska Press, 1998, p. 38.

个城镇组成，由市长（corregidor）领导。这是殖民地最低级别的行政单位。通常，政府官员的在任时间为3—5年，他们的具体职责包括行政、司法、税收和贡品搜集等事务。和总督类似，他们也涉足宗教领域，以确保印第安人按时做弥撒以及履行宗教义务。①

17世纪后半期西班牙的衰弱，以及由此导致的宗主国与殖民地之间联系的松弛，助长了这种权力的分散化。因此，表面上中央政府权力的高度集中和实际上地方大地产主有效权威之间的矛盾，是拉美殖民地的主要遗产之一，对独立后的政治生活产生了重要影响。②

（二）独立后时期央地关系的演进

1821年2月24日，奥古斯丁·德·伊图尔维德（Agustín de Iturbide）在伊瓜拉宣布墨西哥独立。8月24日，新西班牙末任总督胡安·奥多诺胡（Juan O'Donojú）和伊图尔维德签订了"科尔多瓦条约"（El Tratado de Córdoba），承认墨西哥是拥有主权的独立国家，但皇位保留给西班牙国王费尔南多七世。1823年4月8日，墨西哥国会宣布"科尔多瓦条约"无效，并宣布墨西哥今后可以根据实际情况，自由采取它所希望的任何立宪制度。由此开始，墨西哥陷入保守派和自由派、中央集权派和联邦派之间长年累月的纷争。1824年在自由派和保守派进行妥协的前提下，墨西哥通过了宪法。根据1824年宪法，墨西哥被划分为19个州，各州有权征税，并负责本州

---

① Peter Backwell, *A History of Latin America*, Oxford: Blackwell, 1997, p. 217.
② 林被甸、董经胜著：《拉丁美洲史》，人民出版社2010年版，第110页。

州长和州议会的选举。此外，各州议会均有一票的投票权，选举出任期4年的总统和副总统。这样一种制度安排的初衷是避免因中央太过强势而损害地方利益的可能性。其后，墨西哥政权几易其手，独立战争英雄瓜达卢佩·维多利亚将军（Guadalupe Victoria）、自由派的比森特·格雷罗将军（Vicente Guerrero）、保守派的阿纳斯塔西奥·布斯塔曼特（Anastasio Bustamante）等先后成为总统。在各派势力相互争斗的情况下，墨西哥社会陷入混乱，军官组织叛乱，教士利用讲道坛散布谣言。1834年，保守派叛乱的首领安东尼奥·洛佩斯·德·圣安纳（Antonio López de Santa Anna）夺取了政权，召开了新一届国会并废止了1824年宪法。国会在没有经过全国选民授权的前提下制定了《七项法律》，作为1836年宪法予以发布。据此文件，行政部门由总统和"国家权力维护院"组成。总统任期8年，"国家权力维护院"由5人组成，能借口维持行政、立法和司法机关之间的均衡而废止所有法律、改变法院的判决、罢免总统、解散国会以及对任何公民加以谋反和叛国的罪名判处死刑。根据该宪法，取消各州的区划，将全国分为若干军区。显然，这部宪法的目的是建立一个中央集权制的共和国。1843年6月，圣安纳颁布《墨西哥共和国基本法》，授予了他实际上的绝对权力。他可以凌驾于中央政府之上，有权否决国会通过的任何法律，有权以命令来代替法律的制定，有权委派所有法官以及不经国会允许而征税。

1846—1848年美墨战争之后，激进的自由派运动有所复兴，引起保守派的惊慌。1853年12月，圣安纳宣布自己为永久的独裁者，称"特级公爵殿下"，但这一次其独裁统治只维持了一年多便匆匆结束。1857 年墨西哥颁布了新宪法，恢复了 1824 年的联邦体制，总统任期 4 年。议员、最高法院法官和总统皆由间接选举产生。1857 年宪法遭到教会和保守派的激烈反对，拉开了墨西哥"三年战争"（1857—1860 年）的序幕。战败的保守派寻求法国、英国和西班牙的援助。1864 年 4 月 10 日，奥地利大公马克西米利安（Ferdinand Maximilian Joseph）成为墨西哥皇帝，于 1865 年签署了具有自由主义色彩的宪法——《墨西哥帝国临时法规》，宣布墨西哥采用温和的世袭君主政体。仅仅两年之后，马克西米利安就被自由派军队击败并处死。1876 年，反法战争的英雄波菲里奥·迪亚斯（Porfirio Díaz）举行叛乱，攫取了政权，开始了长达 30 年的专制独裁统治，直到 1910 年墨西哥革命。[①]

二、墨西哥革命前央地关系的基本特点

（一）央地关系体现了从非制度化到制度化的过渡

在殖民时期以前，古代墨西哥历经多种文明形态，包括玛雅和阿兹特克文明，更加类似于一个与特定文明共性相联系的地域，而非现代意义上的成熟国家体系，自然也就谈不上有非常明确的中央和地方关系。西班牙殖民者的到来彻底改变了这一局面。1492—1550 年，殖民地逐渐由军事征服走向制度化统治，帮助西班牙建立庞大的殖民帝国，并最终形成了西班牙美洲殖民地的政

---

① 林被甸、董经胜著：《拉丁美洲史》，人民出版社 2010 年版，第 176—189 页。

治管理模式。

西班牙殖民者在 1503 年建立了第一个专门管理殖民地事务的行政机构——贸易署，又于 1524 年成立了管理美洲殖民地事务的最高权力机构——西印度事务委员会。到 16 世纪中叶，决定在美洲殖民地划分行政区域，实行总督制以确立殖民地的中央集权统治制度。具体来说，就是以总督辖区为最重要的行政单位，下辖省级行政区和市镇辖区。除了行政架构之外，首府墨西哥城还设有直接听命于西班牙王室的检审法庭，兼具司法和立法职能。可以说，在墨西哥独立之前，国家的制度化建设已初步完成。

独立后，墨西哥央地关系的制度化进程主要通过宪法来规制。墨西哥在 1824 年、1836 年、1857 年和 1865 年均颁布过宪法，虽然多部宪法对于国家的政治体制规定不一，但通过宪法来确认革命胜利成果、约束各种政治力量的相互关系以及规定国家的根本制度和根本任务体现了墨西哥制度化进程的发展。

（二）央地关系经历了从效忠宗主国到聚焦本国发展的转变

殖民者"发现"美洲时，正值欧洲处于哈布斯堡王朝时期，国王的中央集权化进程达到顶峰。当时许多欧洲国家实行等级君主制，而西班牙则与此不同，实行的是绝对君主制，与古代东方类似。由于殖民地行政机构是西班牙行政机构的延伸，自然具有类似于绝对君主制的特征。因此，对殖民地来讲，国王是毋庸置疑的最高统治者。王室既是法律的制定者、执行者，又是裁决者。王室不仅负责制定管理帝国的方针大计、任命重要的殖民地官员，而且颁布一系列实施的细则，包括殖民地市场的价格和诸如印第安人该穿何种衣服等具体法令。一切权力来自于王室又归属于王室。任何人不得怀疑国王的权威，不得拒绝对王室的忠诚。王室就代表着国家，也代表着殖民地最终的利益归属。

但美洲大陆本身地域辽阔，加上与宗主国远隔重洋，每一次政令下达或是人员往返都需要长达数月的时间，这在客观上就给予了殖民地相当大的自主性。对于来自国王的命令，殖民地官员有很大的调整余地。在"我服从但不执行"的指导思想下，殖民地官员对王室的法令可以依据自己的利益进行任意变通，这也渐渐成为土生白人与宗主国王室关系出现裂痕的发端。[①]

墨西哥央地关系从效忠宗主国转向其国内发展的关键一步是独立运动。西班牙美洲殖民帝国的统治以残酷压榨殖民地人口为基础，本身就包含了殖民地发展的内在矛盾。在长达3个世纪的殖民统治下，墨西哥不断发生反抗压迫与剥削的起义和斗争。同时，从17世纪开始，西班牙已渐趋衰落。进入18世纪，西班牙为了加强王室权威进行了一系列有针对性的改革，但是这些改革措施并未从根本上避免国家的落后性。在宗主国的贵族和殖民地土生白人之间爆发了激烈的矛盾，这些矛盾越来越表现在对政治权力和经济利益的争斗上。随着殖民地土生白人阶层的壮大，他们对于宗主国的离心倾向日益增长，不断要求成为殖民地社会的真正主宰。在经过19世纪初疾风暴雨般的独立革命后，墨西哥的央地关系基本转移到墨西哥本土范围。

[①] 林被甸、董经胜著：《拉丁美洲史》，人民出版社2010年版，第104—105页。

(三) 央地关系处于"混乱"和"专制"交替发生的状态之中

墨西哥独立运动只是局部地实现了资产阶级革命的任务，并未从根本上改变社会经济结构。在其独立之后，它只是由不同的割据势力，如教会、庄园和军事组织组成的松散共同体，而不是现代意义的民族国家。从独立后到20世纪初，墨西哥央地关系主要表现为在总体混乱的局面中穿插着军事独裁统治。

在这期间，墨西哥混乱的央地关系主要源于代表不同利益的各种势力相互角力的结果。19世纪上半叶，墨西哥在政治上形成了保守派和自由派频繁争夺政权的局面。代表封建统治阶级利益的"三元寡头"，即军阀、天主教会上层和封建大庄园主构成了墨西哥社会的保守派。他们极力主张实行君主制，以维护教会和大地主的特权；而自由派的代表，如资产阶级、中小地主、部分军官和知识分子则要求扫清阻碍资本主义发展的体制和政策，强化共和制，并在政治经济领域进行大刀阔斧的改革。保守派与自由派各自代表不同利益和政策主张，时常处于斗争状态。在持续不断的斗争中，军官的作用往往至关重要，因为他们有能力发动政变，甚至更换总统。比如，在1824—1848年的短短24年间，墨西哥爆发的军事叛乱和政变就高达250次左右，共有31位总统被更换。仅在1841—1848年的区区8年间，墨西哥总统就被更换了21次。

混乱的央地关系为军事野心家提供了最好的舞台。最有名的军事独裁者是安东尼奥·洛佩斯·德·圣安纳，在1833—1855年间，他先后6次成为墨西哥的总统或实际掌权者。此外，1876年波菲里奥·迪亚斯举行叛乱，攫取了政权，开始了长达 30 年的专制独裁统治。虽然墨西哥在 1824 年、1836 年、1857 年和 1865 年颁布了多部宪法，并且其中几部宪法都规定墨西哥属联邦体制，但是长年的政治斗争使得民不聊生，共和制和宪法仅具有形式上的意义，一些现代政治制度的核心因素，如宪法、议会和选举等都成为墨西哥专制独裁的外在装饰。①

第二节　央地关系的稳定与巩固

一、央地关系从混乱到稳定

1910—1917 年墨西哥革命推翻了迪亚斯的独裁统治，1917 年宪法在墨西哥历史上具有里程碑式意义。这部宪法带有强烈的民族主义和社会进步色彩，为墨西哥的政治生活奠定了制度基础，也为墨西哥的经济发展创造了有利条件。美国历史学家劳伦斯·A. 克莱顿（Lawrence A. Clayton）和迈克尔·L. 科尼夫（Michael L. Conniff）认为，这部早于俄国布尔什维克革命的宪法是"20 世纪第一部社会主义宪法"。②

1917 年宪法体现了联邦制精神，并且规定凡是没有明确授予联邦官员的职权应视为保留给各州所有，但是 1917 年宪法在革命后的十多年里并未得到贯彻，墨西哥全国充斥着各种问题：土地改革进展缓慢、外国资本控制大量国有财富、工人生活贫困、经济发展受

---

① 谌园庭编著：《墨西哥》，社会科学文献出版社 2010 年版，第 80—82 页。
② Lawrence A. Clayton, Michael L. Conniff, *A History of Modern Latin America*, Fort Worth: Harcourt Brace College Publishers, 1999, pp. 309 – 310.

阻。这些社会问题导致了政党林立、考迪罗割据①、政局不稳等政治问题。整个20世纪20年代不断出现政治暗杀，萨帕塔（Emiliano Zapata）、卡兰萨（Venustiano Carranza）、比利亚（Pancho Villa，也叫Francisco Villa）和奥夫雷贡（Álvaro Obregón）等政要相继遇刺。在如此混乱的局面下，中央和地方基本处于割裂状态。中央根本无力要求地方政府贯彻其管理理念和实现其政治诉求，"在墨西哥革命后的最初十几年中，由于地方考迪罗势力的重新崛起，墨西哥曾再度陷入军阀混战的政治危机中"。②对于当时的统治者来说，最为紧迫的任务就是将政治生活纳入制度化的范畴以稳定社会局势，从而进一步为经济发展提供良好的环境。

（一）卡兰萨执政时期（1917—1920年）

1917年宪法虽然奠定了联邦政府的制度性框架，在一定程度上起到了维护墨西哥穷人利益不受地主和外国资本家损害的作用，但在实际操作中，卡兰萨和其继任者们一方面行使着宪法所赋予的权力，另一方面却将宪法视为可以随意更改和忽略的文件，以为其较为保守的政治立场服务。

1917年3月，卡兰萨的总统职位通过选举获得了合法性。在这次选举中没有出现有组织的反对派力量，卡兰萨获得超过97%的选票。就任总统之后，卡兰萨面临着一系列的挑战，首当其冲的就是

---

① 考迪罗（Caudillo，也称考迪略）在西班牙语中意为"首领"，一般指拉美各国获得政权的军事独裁者或拥有军队做后盾的独裁统治者。郝名玮、徐世澄著：《拉丁美洲文明》，福建教育出版社2008年版，第158页。

② 徐世澄著：《墨西哥革命制度党的兴衰》，世界知识出版社2009年版，第12页。

要对付其政治对手，特别是比利亚和萨帕塔以及他们领导的非正规军队。经过不懈的斗争，到1919年萨帕塔失去了所有曾经占领的城市和庄园，剩余的萨帕塔军队被迫进入大山开展零星的游击行动。其次，他重新任命了政府和军队人员。卡兰萨任期内的许多公职人员，特别是市级公职人员都曾为迪亚斯效力过。他清除了政府和军队的激进分子，代之以政客和无原则的军职人员。卡兰萨对公职人员的任命方式引领了一种新的潮流，即公职人员以前所未有的规模增加私有财富。这种中饱私囊的政治生态不仅满足了在位者对利益的渴望，同时也禁锢了潜在的挑战者。一时间，政府贪污腐败成风，以至于卡兰萨政府根本无力兑现其上任之初进行社会改革的诺言。同时，墨西哥的民主化改革也收效甚微，卡兰萨当政时期举行的选举基本上都被当做闹剧。反对派不被允许提名候选人，到处充斥着对选举舞弊的质疑。终于，卡兰萨的政治生命在1920年走到了尽头，他于当年5月被暗杀。

卡兰萨最大的政治功绩首先在于他开启了墨西哥在宪法的基础上制度化执政的先河。其次，他所倡导的国有化改革也在一定程度上加强了中央政府的权力。1917—1920年，他将石油税上调了7倍。为了进一步实现国有化目标，他不畏惧挑战外国资产和业已签订的合同。他的真正目的并不是完全禁止外国投资，而是将其置于可控范围之内。这也为宪法第27条从实际操作层面做了最好的注脚，即墨西哥政府有权评定及调整其石油权利。[①]

[①] Douglas W. Richmond, "Venustiano Carranza", pp. 199–202, in Michael S. Werner, ed., *Encyclopedia of Mexico*, Chicago IL: Fitzroy Dearborn, 1997, p. 200.

(二) 奥夫雷贡执政时期 (1920—1924 年)

1920 年 9 月，曾任卡兰萨政府陆海军部长的阿尔瓦洛·奥夫雷贡凭借 95% 的选票当选总统。在选举前，奥夫雷贡的支持者几乎控制了所有投票点。和 3 年前一样，所谓的"选举"并非旨在选出总统，而是使一位军人出身的胜利者合法化。[①]

当选之后，奥夫雷贡组建了不受任何部门牵制的行政机构。在与卡兰萨斗争的过程中支持过奥夫雷贡的地方军事领袖都得到了丰厚的回报，如行动的自由和政府的补偿。很多军官在其控制的地区都相当于东方的专制暴君。[②] 面对这样的现实，奥夫雷贡开始了逐步政治集权的过程。很多地方势力被政府用职位收买，有的甚至被流放。奥夫雷贡大量提拔内阁成员和军队司令以换取他们的支持，这为他们在位期间利用手中职权中饱私囊大开方便之门。为了进一步扩大执政基础，奥夫雷贡正式和工人联合会组成联盟——"墨西哥工人地方联合会"（The Confederación Regional Obrera Mexicana，CROM）。[③]

奥夫雷贡执政期间，各种新兴组织如雨后春笋般大量涌现。工会、农会、联合会以及政党都力图使革命后的墨西哥社会符合自己

[①] Luis Javier Garrido, *El Partido de la Revolución Institucionalizada*. Mexico City: Secretaría de Educación Pública, 1986, p. 56.

[②] Thomas Benjamin, "Laboratories of the New State, 1920 – 1929", pp. 71 – 90, in Thomas Benjamin and Mark Wasserman, eds., *Provinces of the Revolution*, Albuquerque NM: University of New Mexico Press, 1990, pp. 71 – 73.

[③] Lorenzo Meyer, "La institucionalización del nuevo régimen", pp. 823 – 879, *Historia General de México: Versión 2000*. Mexico City: Colegio de México, 2000, p. 827.

的利益诉求。这些组织基本上围绕地方而非中央层面开展活动，在客观上限制了中央政府的影响力和执行力。①

奥夫雷贡将土地改革作为其扩大执政基础的政治手段之一。到他离任的1924年，共有27万平方千米土地被重新分配，占耕地面积的3.5%。但是，总体来说，奥夫雷贡缺乏土改的热情，这源于他认识到全面的土改只会损害他最重要的权力基础——军队，因为很多军官刚刚获得大面积地产。

实际上，在整个20世纪20年代，墨西哥中央政府都处于弱势地位。在实行社会改革方面，州长有较大的权力空间。这些改革包括妇女地位、土地持有和教会的作用。所以，从某种意义上说，州政府成为落实1917年宪法相关规定的主要行为体。②特别是保守派占主要力量的州，更加无视中央政府，极力实践自己的利益诉求。1924年，尤卡坦州的土地持有者暗杀了较为激进的州长费利佩·卡里略·普埃尔托（Felipe Carrillo Puerto），结束了其"社会主义"实验。在恰帕斯州，州长动用所有权力禁止当地农业委员会的活动，并破坏其相关的运动。在很多地区，凡是组织农民联合会争取合法权利的农民领袖都被宣布为"不法分子"，继而被谋杀。

奥夫雷贡在任内依照自己的意愿挑选国会众议员、参议员以及州长。他的离任开启了墨西哥政坛的另一传统——即将离任的总统

---

① Alicia Hernández Chávez, *Mexico: A Brief History*. Berkeley CA: University of California Press, 2006, pp. 239–240.

② Thomas Benjamin, "Laboratories of the New State, 1920–1929", pp. 71–90, in Thomas Benjamin and Mark Wasserman, eds., *Provinces of the Revolution*, Albuquerque NM: University of New Mexico Press, 1990, p. 71.

有权在没有民众参与的前提下选择其继任者。①

奥夫雷贡是第一位完成总统任期并顺利离任的总统。虽然他在披着革命的外衣的情况下取得了政权,但执政业绩并不明显。他所倡导的改革并未惠及普通民众。如同奥夫雷贡的前任卡兰萨总统,其基本上属于19世纪的自由主义者,主要目标是发展墨西哥资本主义。②

(三) 卡列斯执政时期 (1924—1928年)

1924年,卡列斯 (Plutarco Elías Calles) 以获得近90%的选票当选总统。大多墨西哥人对此次选举热情不高,有不少选民弃权,因为反对派又一次象征性地出现在选举中。在执政之初,卡列斯利用土地改革换取失地农民对其政权的支持。1924—1928年,他分配了7.34万平方千米的土地,这超过了1915—1924年间土地分配总量的两倍。但是,当其执政基础稳固之后,土地分配的速度明显降低。到了执政末期,卡列斯变得越发保守。1927年,他宣布,"政府将尽力保护在墨西哥投资的外国资本家利益"。同时,石油白银价格的下降也掣肘了卡列斯推进改革的诉求。③

卡列斯和他的前任总统奥夫雷贡、韦尔塔 (Adolfo de la Huerta Marcor) 一起重建了政府的官僚体系,使墨西哥城成为权力中心。

---

① Lorenzo Meyer, "La institucionalización del nuevo régimen", pp. 823 – 879, *Historia General de México: Versión 2000*. Mexico City: Colegio de México, 2000, p. 828.
② Ramón E. Ruiz, *The Great Rebellion*. New York: Norton, 1980, p. 179.
③ Brian R. Hamnett, *A Concise History of Mexico*. Cambridge: Cambridge University Press, 1999, p. 226.

在权力不断集中的过程中,革命领袖取得了政权,军队失去了权力,而农民被边缘化了。很多人都对这种集权进程表示支持,因为在他们看来,这有助于消除无政府状态和政治暴力。受其影响,1921—1930年,政府雇员数量从占劳动力的1.4%上升到2.9%。① 俯瞰整个政治结构,墨西哥政局明显增强了稳定性,标志之一是奥夫雷贡和卡列斯顺利完成总统任期并离任。但地方政府的各种政治势力却因寻求政治影响力而频频出现政坛风波。1920—1930年,普埃布拉州共出现了19位州长。1930年6月,在奇瓦瓦州爆发了两个小时的枪战,一名立法委员和警察局局长遇害。该州立法机构的成员对此大为不满,迫使州长下台。联邦政府拒绝承认此次政变,拒绝重新委任临时州长。卡列斯在任期内一共罢免了25位州长,代之以信得过的亲信。②

卡列斯离任前,奥夫雷贡明确表示参加下届总统竞选。根据当时的宪法修正案,总统可以隔届连任,并且任期从4年增加到6年。考虑到奥夫雷贡1934年期满离任时会对自己有所回报,卡列斯支持奥夫雷贡再次出任总统。但是奥夫雷贡在就任前遭到暗杀,这让卡列斯处于极为困难的境地。一方面,卡列斯的支持者希望他能够延长任期以防止国家陷入没有总统的混乱局面;另一方面,也有不少民众希望他按期离任,以防奥夫雷贡的支持势力因失去获得权力的

---

① Jeffrey Weldon, "Political Sources of *Presidencialismo* in Mexico", pp. 225 – 258, in Scott Mainwaring and Matthew Soberg Shugart, eds., *Presidentialism and Democracy in Latin America*, Cambridge: Cambridge University Press, 1997, p. 250.

② Mark Wasserman, "Introduction", pp. 1 – 14, in Thomas Benjamin and Mark Wasserman, eds., *Provinces of the Revolution*, Albuquerque NM: University of New Mexico Press, 1990, p. 9.

机会而发生叛乱。在国家面临稳定还是混乱的十字路口，卡列斯凭借其政治才能粉碎了奥夫雷贡支持者们武力夺权的图谋。作为稳定局面的关键一步，他指派奥夫雷贡的亲信胡安·何塞·里奥斯（Juan José Ríos）将军负责调查这起暗杀事件。

总的来说，卡列斯任总统期间墨西哥政坛整体比较稳定，政治生活朝着制度化方向前进。1928年9月1日，卡列斯做了最后一次年度报告，宣布他不仅会按期离任，并且将努力使总统继任变得更加有序。他说："也许这是墨西哥在历史上不受考迪罗强人统治的开始。这将永远使我们国家的政治生活制度化。墨西哥再也不会是一个被'强人'主宰的国家，而会成为一个受制度和法律所规制的国家。"①

（四）傀儡总统时期（1928—1934年）

奥夫雷贡死后，卡列斯成为"最高领袖"（Jefe Máximo）。1928—1934年期间，埃米利奥·波塔斯·希尔（Emilio Portes Gil）、帕斯夸尔·奥尔蒂斯·鲁维奥（Pascual Ortiz Rubio）和阿韦拉多·罗德里格斯（Abelardo Rodríguez）先后成为总统，但这三人都是卡列斯的傀儡，政权自始至终都牢牢控制在卡列斯手里。②

总之，在革命胜利后的十几年中，政局始终处于动荡之中。为

---

① Plutarco Elías Calles, Mexico Must Become a Nation of Institutions and Laws, in Gilbert M. Joseph and Timothy J. Henderson, eds., The Mexico Reader: History, Culture, Politics, Durham: Duke University Press, 2002, p. 422.

② Philip L. Russell, The History of Mexico: From Pre-Conquest to Present, New York: Routledge, 2010, pp. 334-346.

了在墨西哥全国范围内恢复秩序并建立有效的全国政府,1929年在卡列斯的倡议下,数百个全国性政党和政治组织联合建立了国民革命党,涵盖了国家的3个主要部门:农业、工会和军队。曼努埃尔·佩雷斯·特雷维尼(Manuel Pérez Treviño)当选为首任主席,但在1929—1934年间,该党实际掌权的人却是卡列斯。该党建立的初衷在于使这3个部门的政治活动正规化,向总统传达他们的愿望。但实际上,卡列斯随意地将其意愿强加于各部门,对党进行操纵,控制各部门的行为。国民革命党的成立客观上提供了解决国内政治冲突的渠道,为墨西哥长期的政治稳定做出了重要贡献,同时也为加强墨西哥中央和地方关系提供了制度框架。

国民革命党刚成立的头几年,组织结构很分散,只是一个具有联盟性质的松散组合,是"一个众多政党和组织的联盟,而不是一个现代意义的政党"。[1] 加入该党的各成员党只是改变了名称,地方的俱乐部和联合会仍具有高度自治性:州一级和市一级的政党组织实际上仍是独立的,相互不存在隶属关系。这种各自为政的局面极大地阻碍了墨西哥国内争端的有效解决。

鉴于这个党过于松散,各地考迪罗仍各自为政,卡列斯后来进行了两项改革:其一,修改宪法,重新规定总统和州长不得连选连任,从而打破了某些地方考迪罗长期垄断政府的局面,使中央政府在候选人协商中有可能通过官方党扩大控制和选择的余地;二是在1933年3月国民革命党第二次全国代表大会上修改了党的章程,改

---

[1] Miguel González Compeán y Leonardo Lomelí, *El Partido de la Revolución Institución y conflicto* (1928 – 1999), *Fondo de Cultura Económica*, México, 2000, p. 26.

集团入党制为个人入党制,并限定在6个月内重新登记入党,从而加强了党的组织性和纪律性,在一定程度上有效地控制了地方势力的干扰。同时,引发连年内乱的"考迪罗主义"逐渐被现代化政党政治所取代。从1932年开始,地方的权力逐步向中央聚拢。在这一年,州一级的政党组织被取缔,所有的地方联合会都要放弃自治权,归中央直接领导。这样一种更具凝聚力的结构使得该党能够更有效地回应现实的需求,从而获得更多选票。

总体上说,军队、教会、大学和考迪罗是墨西哥政治生活中经常酿成动乱的4个主要权力因素。在这几个主要权力因素进入法制轨道后,特别是把地方考迪罗组织起来,成立了全国统一的执政党——国民革命党后,墨西哥便逐渐走上了制度化的轨道,逐步适应了政党政治的发展要求。[1]

纵观这一时期的央地关系可以发现,墨西哥中央和地方的权力分配逐渐从混乱走向制度化和秩序化,而且这种秩序是以权力不断收归中央为特色的。

二、央地关系从稳定到集权

20世纪30、40年代直到70年代末是墨西哥历史上中央高度集权的时期,这一时期的主题逐渐从"革命与改革"过渡到"稳定与发展"。[2]

---

[1] 曾昭耀著:《政治稳定与现代化——墨西哥政治模式的历史考察》,东方出版社1996年版,第31页。

[2] 谌园庭编著:《列国志·墨西哥》,社会科学文献出版社2010年版,第100页。

从 1933 年开始，国民革命党在拉萨罗·卡德纳斯（Lázaro Cárdenas）（1895—1970 年）的领导下，内部进步派别的影响逐渐增强。卡德纳斯 1895 年出生于米却肯州梅斯蒂索家庭，其父在当地经营一家桌球厅。父亲去世后，年仅 16 岁的卡德纳斯不得不挑起生活的重担，开始赚钱养家（包括他的母亲和 7 个兄弟姊妹）。18 岁时，他已经当过税收员、印刷厂学徒、狱卒等。卡德纳斯虽然在 11 岁时就辍学，但他利用任何可能的机会学习，不断丰富自己的知识，特别是历史知识。在 1913 年马德罗（Francisco Madero）总统被韦尔塔推翻后，卡德纳斯便投身革命，加入了萨帕塔军事组织。在革命的年代，卡德纳斯先后追随过奥夫雷贡、比利亚和卡列斯。他虽然来自于墨西哥南部省份，但主要打交道的对象却是最后获取胜利的北方人。在追随卡列斯期间，他发起了打击米却肯州和哈利斯科州萨帕塔主义分子的军事行动，并荣升战地司令员。1920 年当卡兰萨被推翻后，卡德纳斯被授予准将军衔，年仅 25 岁。卡列斯任总统后，卡德纳斯成为其左膀右臂，并在 1928 年被任命为米却肯州的州长。在任州长期间，卡德纳斯在州内进行了小范围的土地再分配，鼓励农民和工人组织，并推动了教育的发展。他在州内颁布的很多政策都是基于公众的信息而非幕僚的建议。1929 年卡列斯创建国民革命党后，任命卡德纳斯为该党主席。1933 年，出于将继续控制卡德纳斯的判断，卡列斯最终决定支持他出任下届总统。即便知道自己胜券在握，作为总统候选人的卡德纳斯仍然利用一切机会积极投身于墨西哥各地的竞选活动。他的行程超过 2 万公里，和各选区的民众直接对话，建立了亲民的形象，同时也稳固了自己的民众基础。更为重要的是，在竞选活动中他表现得更像是已胜选的总统而非总统候选人，致力于协调不同群体之间的争端。他和墨西哥工人和农民广泛接触，许诺进行土地改革，修建印第安学校，并号召印第安人和工人联合起来共同反对压迫行为。

1934年12月卡德纳斯就任总统，在任内进行了一系列政治、经济和社会改革，标志着墨西哥央地关系进入新的阶段。正是通过不同的改革措施，卡德纳斯不断将权力收归中央。

在经济上，卡德纳斯首先着手的是土地改革。在他任期内，墨西哥政府总共分配了将近50万平方千米的土地，超过自1917年以来历届政府分配土地总量的两倍多。① 根据宪法第27条的规定，他创造了"村社"（ejidos）。卡德纳斯进行土地改革的两个主要区域分别是以种植棉花为基础的墨西哥北部和生产剑麻的尤卡坦州。开展土地改革的其他地方还包括下加利福尼亚州、索诺拉州、米却肯州和恰帕斯州。经过土地改革，墨西哥历史上形成的大地产制遭到重创。与此同时，政府的良好形象树立起来，卡德纳斯得到农民的广泛支持。

卡德纳斯在经济上的权力集中同时也得益于其国有化措施。国有化的核心部分是将墨西哥的石油生产国有化，以此增加石油收入。1938年3月18日，卡德纳斯将17家外国石油公司国有化，并征用了其相关的石油设备。此举大大激发了墨西哥民众的热情，引发民众在墨西哥城进行了长达6小时的"热情巡游"。之后墨西哥组织了全国范围的集资活动，对被国有化的私有公司进行补偿。作为国有化改革的成果，由卡德纳斯创建的"墨西哥石油公司"（Petróleos

---

① Burton Kirkwood, *The History of Mexico*, Westport: Greenwood Press, 2000, p. 171.

Mexicanos，Pemex）成为其他拉美国家进行国有化改革所效仿的对象。

在卡德纳斯倡导的各项改革中，对央地关系影响最大的当属政治改革，主要包括两方面内容：一是将广大工农民众吸收进国民革命党；二是对国民革命党进行结构上的改造，使其成为墨西哥官方党。1938年，该党被改组为墨西哥革命党（Partido Revolucionario Mexicano，PRM），由4个部门组成——工人部、农民部、人民部和军人部。值得注意的是，通过设置军人部，墨西哥实现了对军事力量的制度化改造，从而从根本上杜绝了长期困扰拉美国家的军人干政问题。"军队政治化的目的在于政治的非军事化。"[①] 这样，全社会的力量都在卡德纳斯的政治体系中被充分调动了起来。[②] 这种具有职团主义（Corporativismo）性质的执政党运作方式是墨西哥政治的一大创造。官方党的这种职团结构，对现代资本主义宪政制度在墨西哥的确立起了决定性作用。[③]

1940年上任的曼努埃尔·阿维拉·卡马乔（Manuel Avila Camacho）推行了一系列旨在强化中央政府权力的改革措施。他致力于维护工人阶级和底层民众的利益。为此，他于1943年创建了墨西哥社会保障局（Instituto Mexicano del Seguro Social，IMSS），提供医疗、养老和社会保险等服务。1946年，在他的推动下通过了选举改革法，为其他党派和社会团体设立了苛刻的竞选门槛。在经济方面，他极

---

① Alain Rouquié, *El Estado Militar en America Latina*, Siglo veintiuno editores, 1984, p. 227.
② 林被甸、董经胜著：《拉丁美洲史》，人民出版社2010年版，第344页。
③ 同上书，第17页。

力推动国家工业化进程。在第二次世界大战中，墨西哥为美国的战时工业体系提供了大量的原材料。在庞大的需求刺激下，1940—1945年工业部门以年均10%的速度发展着。

在阿莱曼（Miguel Alemán Valdés）政府时期（1946—1952年），墨西哥一党制的政治体制的威权倾向逐渐明显。1946年墨西哥革命党改组为革命制度党。为了完成军队的非政治化，党内的军人部被撤销，此后军人在墨西哥的政治生活中被日益边缘化。这可以从军费和军队规模两方面得到印证。到阿莱曼政府末期，军事开支降为国民收入的8%，此后一直维持在7%左右。这相当于无形中剥夺了军官参与高层的政治决策权，从而将军人排除在国家的政治生活之外。在马特奥斯（Adolfo López Mateos）政府（1958—1964年）时期，政府扩大了在经济中的作用。政府开支从占国民收入比重的10.4%上升到11.4%。此前，政府通过运用各种杠杆，或者通过有针对性的投资来引导经济，这实质上造成了对经济生活的干预。马特奥斯通过政府支出购买了一些工业企业的控股权，提供政策支持，鼓励这些企业扩大收益，同时要求它们创造一定的社会效益。例如，他接管了原属美国的电影工业，通过一番改造使其为公共教育和大众娱乐服务。在土地改革方面，马特奥斯在任期内向大约30万户农民分配了超过9.3万平方千米土地。此外，政府干预还体现在社会政策上。当时墨西哥城市地区人口迅速增长导致住房紧张，马特奥斯开展了一场大规模运动对住房进行补贴。政府还大力支持公共教育，在马特奥斯政府期间，教育成为政府财政中最大的开支。[①]

---

① 林被甸、董经胜著：《拉丁美洲史》，人民出版社2010年版，第395—397页。

至此，墨西哥中央高度集权模式的政治体制逐步形成。在该体制中，总统除了是国家最高权力的象征，还享有极大的立法权和司法权，并且在其任期临近结束前有权指定下届总统的官方党候选人。以总统为核心的中央政府通过官方党的职团结构（工人部、农民部和人民部）实现对地方势力的有效管理和控制。因此，有学者把这种体制称为"六年一度的、横向世袭的、独断专行的君主制"。①

墨西哥稳定的政局为经济发展提供了可靠的政治保障。从第二次世界大战后到20世纪80年代初，墨西哥保持了相当高的经济增长率，且持续时间长久。其中，1946—1956年墨西哥国内生产总值的年均增长率为6.1%，1957—1970年为6.8%，70年代为5.2%。因此，人们常常把这段时间誉为"墨西哥的经济奇迹"。② 但是，墨西哥经济的高速增长并未惠及普通民众，社会两极分化严重，贫富差距不断扩大。民众对政治制度民主性的缺失和社会不公感到不满，国内政局日趋紧张。在奥尔达斯（Gustavo Díaz Ordaz）政府（1964—1970年）时期，其威权特征特别明显。在墨西哥城获得1968年夏季奥运会的主办权后，奥尔达斯政府希望利用这次体育盛会为墨西哥赢得国际声誉，斥资2亿美元进行准备。墨西哥国立自治大学（Universidad Nacional Autónoma de México，UNAM）的学生认为，这些资金应该用来解决国内的贫困问题。示威学生威胁要干扰奥运会的进行，并时常与警察发生冲突。为了保证奥运会的正常进行，政府决定对学生运动进行镇压。1968年10月2日，大约5000

---

① 徐世澄著：《拉丁美洲政治》，中国社会科学出版社2006年版，第290页。
② 徐世澄著：《墨西哥政治经济改革及模式转换》，世界知识出版社2004年版，第142页。

名学生聚集在"三种文化广场"(又称特拉特洛尔科广场)举行和平集会,遭到军队的开枪镇压,造成墨西哥历史上有名的特拉特洛尔科惨案。这场惨案加深了社会各阶层对政府的不信任感,在一定程度上造成政府的合法性危机。而1982年爆发的债务危机更是将墨西哥政治上高度集权的体制弊端暴露无遗。

第三节 央地关系变化动因分析

革命结束的十几年间,墨西哥社会发展虽有了制度上的保证,却难以在短期内肃清历史上遗留的问题,所以中央和地方关系非常松散,地方的离心势力比较强大。20世纪20年代末30年代初,特别是卡德纳斯上台后,权力逐渐通过制度整合的方式收归中央,维护了社会稳定,促进了经济发展。这一时期央地关系的演变主要由三种力量促成:一是严重的政治危机;二是爆发于1929年资本主义世界的大萧条;三是现代化政党政治的制度要求。

一、克服政治危机的手段

从1917年颁布宪法之日起到1934年卡德纳斯就任总统,墨西哥在这十几年中遭遇到巨大的政治危机,包括考迪罗主义、政治暗杀和地方动乱等。墨西哥迫切需要加强中央的权力和权威,克服这些政治乱象。

(一) 考迪罗主义

"考迪罗"泛指那些以暴力方式,如政变夺取并维持政权的军事首领或政客,也称军阀或军事独裁者,在拉美地区尤其如此。他们通常依靠个人魅力和军事手段得到民众的拥护,不同于世袭相承而获取王位的封建国王,也不同于通过选举而成为总统、首相的西方资产阶级国家的首脑,同时也有别于有严密组织的法西斯头子。考迪罗没有固定的执政年限,任期受很多因素影响,有巨大的不确定性。例如,1824—1848年,墨西哥共计发生过200多起政变,政坛上走马灯似地换了31位总统。在墨西哥,考迪罗主义是各种社会矛盾尖锐化的产物,它反过来又促进了矛盾的激化。在考迪罗独裁统治下,动荡不稳的政局常被掌握军事力量的野心家所利用。地主阶级控制了政权,竭力维护自己的利益,阻碍了资本主义的发展。新兴资产阶级力图与之抗争,但由于势单力薄,无力推翻地主阶级的政权。与此同时,地主阶级也无法遏制资本主义的发展,二者只能互相对峙着,这时以考迪罗为代表的野心家便会趁虚而入。[1]

在经历了1910—1917年革命后,墨西哥颁布了在政治上具有里程碑意义的宪法,反映了在农民的支持下重新获得政权的资产阶级亟待稳定政局的要求。宪法在理论上为墨西哥政治体制勾画出一个较为明晰的轮廓。但是,在当时的情况下,宪法的颁布更多是一种

---

[1] 管敬绪、黄鸿钊、郭华榕主编:《世界近代史》,南京大学出版社1991年版,第561页。

愿望的表达而非事实的陈述。新上台的以卡兰萨为首的资产阶级政权表现得十分软弱，无力控制局面。墨西哥国内的军人数量在革命中倍增，出现了一些分散的革命武装，每支武装都宣布自己拥有高度的自治权。在这些考迪罗中，最著名的有科阿韦拉州的罗德里格斯·特里亚纳（Rodriguez Triana）、奇瓦瓦州的罗德里戈·M. 克维多（Rodrigo M. Quevedo）、杜兰戈州的卡洛斯·雷亚尔（Carlos Real）、瓜纳华托州的梅尔乔·奥尔特加（Melchor Ortega）、克雷塔罗州的萨图尼诺·奥索尔尼奥（Saturnino Osornio）、索诺拉州的罗多尔福·埃利亚斯·卡列斯（Rodolfo Elías Calles）、萨卡特卡斯州的马蒂亚斯·罗梅罗（Matias Romero）、塔毛利帕斯州的埃米略·波斯特·希尔（Emilio Portes Gil）、哈利斯科州的何塞·瓜达卢佩·苏诺（Jose Guadalupe Zuno）、米却肯州的卡德纳斯、韦拉克鲁斯州的阿达维托·特哈达（Adalberto Tejeda）、圣路易波多西州的萨图尼诺·塞迪略（Saturnino Cedillo）和塔巴斯科州的托马斯·加里多·卡纳巴尔（Tomús Garrido Canabal）等。中央政府因此受到地方考迪罗势力的威胁。面对这种状况，卡兰萨政府采取了妥协和退让的态度。为了换取地方军官的忠诚，卡兰萨授权他们在地方上征收赋税、发行纸币、没收教会财产并领导土地分配。许多将军以土地改革者的面目出现，把依附于他们的军队和农民组成私人部队和农民军团，将夺取的大庄园土地据为己有，继续对农民和债役农进行剥削。有的将领本身就是大庄园主，他们谋杀要求拥有土地的农民，保护庄园财产，以此来维持自己的地方武装。有些地方军事首领还直接和外国签订合同，以出卖本国权益来换取援助。这样一来，卡兰萨的统治基础显得非常薄弱，直接导致了其在1920

年被军人暴动所推翻。①

(二) 政治混乱

在墨西哥革命还没有完成时就出现了三支诉求不同的政治力量。三支政治力量的主要领导者萨帕塔、比利亚和卡兰萨因个人之间的分歧和敌对，以及对国内外问题的不同看法而逐步分道扬镳。革命后期，不同政治派别相互角力，最后干脆通过暗杀来达到各自的政治目的。一时间，墨西哥政坛因这种政治乱象而变得乌烟瘴气。

萨帕塔：作为农民起义军领袖的萨帕塔，致力于为土著人争取土地，为农民争取自由，为工人争取保护。正当这一切预示着萨帕塔主义新一轮高潮来临之时，1919年4月10日，在巴勃罗·冈萨雷斯（Pablo González）的授意下，赫苏斯·瓜哈尔多（Gesús Guajardo）设计圈套，在奇纳梅卡庄园伏击萨帕塔，萨帕塔不幸中弹身亡。随后，他所率领的起义军队伍也很快被镇压下去。

卡兰萨：卡兰萨是墨西哥革命中的宪法派领袖，也是墨西哥资产阶级民主革命之后的第一任立宪总统（1917—1920年）。在总统候选人的问题上，他引起激烈的辩论，制造了和反对派之间极大的矛盾。其反对者奥夫雷贡和几个激进的将军号召人们起来打一场内战，以解决孰是孰非的问题。1920年5月21日，在一个大雨滂沱的夜晚，卡兰萨被奥夫雷贡分子开枪射杀。

比利亚：1915年初，因墨西哥城被卡兰萨军队包围，比利亚被

---

① 罗荣渠主编：《各国现代化比较研究》，陕西人民出版社1993年版，第469页。

迫向北撤退，后在多次战役中接连败北，只得退回奇瓦瓦州进行运动游击战。1920年5月卡兰萨政府倒台后，比利亚与韦尔塔政府达成协议，停止战斗。1923年7月20日，比利亚在帕拉戈尔城遇刺。

奥夫雷贡：在领导起义并推翻了卡兰萨政府之后，奥夫雷贡于1920年当选总统。1924年他在镇压一次士兵哗变后辞去总统职务，由卡列斯继任总统。在1928年举行的大选中，奥夫雷贡再度当选总统，当选后不久即被一个天主教徒所暗杀。

（三）地方动乱

墨西哥分散在全国各地的地方势力直接导致其地方动乱的增加。以哈利斯科和韦拉克鲁斯这两个州为例，当韦尔塔在哈利斯科州发动叛乱时，该州同其他州一样，组织了好几个民众营来支持奥夫雷贡将军的中央政府。在此过程中，何塞·瓜达卢佩·苏诺脱颖而出，成了著名的地方考迪罗，并从1923年2月就任该州州长。随后，在总统候选人的提名问题上，苏诺同奥夫雷贡产生了严重分歧。虽然苏诺对奥夫雷贡支持卡列斯当总统的决定表示有克制的服从，但他始终站在州政府的立场上，不断增强本地区的实力，以确保其不被中央政府所操控。为此，他于1924年组织了"哈利斯科工人团体"和"绝对自由主义者联合会"，参加者有34个组织。两者成为实现其政治诉求的左膀右臂。韦拉克鲁斯州的情况更为突出，1920年卡兰萨在该州遇刺后，州长坎迪多·阿吉拉尔（Cándido Aguilar）不得不逃亡国外，留下了政治权力真空。此举直接导致该州不同集团之间的激烈斗争。1920年12月，特哈达被任命为州长。由于他十分熟悉本州的社会问题,该州局势迅速得到控制。他重视土地改革,获得农民组织及农民领袖乌尔苏略·加尔班(Ursullo Galván)的支持,于1923年3月创立了以乌尔苏略·加尔班为首的韦拉克鲁斯州"土地公社和农民协会"。后来,该协会逐渐激进化,并发展为武装组织。奥夫雷贡死后,特哈达依靠农民运动的支持,对抗卡列斯的各种政策,甚至拒绝支持卡列斯创建国民革命党,因为在他看来,该党的创建意味着中央对地方政权的威胁。[①]

二、应对经济危机的途径

1929—1933年的资本主义世界经济危机使墨西哥经济遭受重创,墨西哥需要通过加强中央的权力来克服经济危机的影响。由于欧美发达国家对墨西哥的石油和矿产需求下降,依赖世界市场的墨西哥经济再次暴露出其脆弱性。在危机中,墨西哥的工人和农民生活水平遭受重创,社会稳定度严重下降,整个国家酝酿着巨大的危机,执政党内部也出现了不同的判断。新一代改革家强烈要求推行1917年宪法。他们之中有一些知识分子受马克思主义、苏联成功经验,特别是计划经济的影响,主张同大庄园制、债役制做斗争,改变国家的经济和文化落后状态,也就是说,他们要求推进被卡列斯及其密友的腐败所侵蚀的资产阶级革命。[②] 这场席卷世界的经济危机充分暴露了卡列斯统治集团的软弱性和妥协性。1930年政府颁布停止继

[①] 曾昭耀著:《政治稳定与现代化——墨西哥政治模式的历史考察》,东方出版社1996年版,第21—23页。

[②] 林被甸、董经胜著:《拉丁美洲史》,人民出版社2010年版,第338页。

续分配土地的《停止法》,此后,农民获得土地的数量大大减少。对此,墨西哥农民怨声载道。面对风雨飘摇的政治形势,卡列斯将国民革命党完全变成他个人幕后操纵政府的工具。①

三、政治制度化的要求

加强中央的权力和权威也是墨西哥政治制度化,特别是现代化政党政治发展的要求。政党政治是指一国主要依靠政党来组织国家政权的政治形式,主要表现在以下几个方面:其一,政党是国家政治生活的主角,也是国家权力行使的主要载体;其二,政党从事政治生活的核心目的是取得政权,因为一旦获得执政地位,该党可以最大限度地为实现其政治诉求提供便利;其三,政党还需要处理好一系列关系,如政党与国家的关系、政党间关系、政党与社会团体的关系以及政党与民众的关系。从西方政党成长的过程看,现代政党自产生起,就是一种组织政治利益共同体,以及获取国家权力的工具性政治团体。现代政党是一种政治手段,这是西方政党发展的一个重要特点。事实上,自产生以后,现代政党一直都是以获取国家权力为目的的政治组织。②

在国民革命党成立前,墨西哥在 20 世纪初成立了一些不具有全国意义的政党,如自由党、民主党、连选连任党和反对连选连任党。这几个党均是迪亚斯独裁统治时期的产物。

---

① 罗荣渠主编:《各国现代化比较研究》,陕西人民出版社 1993 年版,第 477 页。
② 沈文莉、方卿主编:《政治学原理》,中国人民大学出版社 2010 年版,第 120 页。

经过 1910—1917 年革命，墨西哥在原有分散的党派基础上并未形成较为成熟的政党政治。截至 1920 年，卡列斯、奥夫雷贡和韦尔塔基本清除了其他革命力量。在取得政权后，他们面临的问题是如何治理长年累月的战争留下创伤的多民族国家。虽然三人在 20 世纪 20 年代初曾团结合作过，但面对政治治理上的难题，他们之间很快就出现了政见分歧。

在整个 20 世纪 20 年代，卡列斯和奥夫雷贡都站在同一阵营，力图在多次危险和灾难面前维护中央政府的统治。1923—1924 年间，韦尔塔的叛乱令其政权岌岌可危，但最终叛乱被镇压了下去。此外，他们还经历了其他政治军事危机。逐渐地，两人在应对革命后的政局方面变得娴熟起来。他们执政期间，各种政治运动迅速发展，其声势足以威胁到他们的统治，最后这些运动均被强力压制下去。他们利用 1917 年宪法所设定的新制度框架改变了墨西哥政治治理的方法，同时在实际操作过程中又体现出极强的灵活性。具体说来，即是坚决执行符合自己利益的宪法条文和行为准则；而对于与自己的利益相违背的条款，则创造出大量的灰色领域，通过操作的灵活性来维护自身的权益。

虽然卡列斯和奥夫雷贡从未公开决裂过，但到 20 世纪 20 年代末，两人的分歧变得越发明显。1928 年当奥夫雷贡再次谋求总统地位时，他开始否认在墨西哥革命中确定的核心主张——"有效选举，不得连任"，并且对于反对他的党派，一律坚决打击和压制。在他遇刺后，墨西哥的政治力量接连出现，为了角逐政治权力而斗得不可开交。此时，卡列斯逐步认识到统一众多党派的必要性。虽然他也不想放弃政治权力，但他明白自身的权力只能是妥协和合作的产物，并且要依靠一套制度体系加以实施。他和东南省份的"西南社会主义党"（Socialist Party of the Southeast，PSS）和"恰帕斯社会主义党"（Chiapas Socialist Party，PSCh）都有过合作，这为他在这些地方取得较高支持率奠定了基础，而之前的奥夫雷贡和卡兰萨在控制这些地区时都遇到过巨大阻碍。

最终，卡列斯在个人专制主义和制度主义之间选择了一条中间道路。在墨西哥政治受困于长年动乱、暴力和不确定性的情况下，卡列斯力主建立一个官方的、独一的政党，以便于自己进行幕后操纵。这样一种折衷的选择给予卡列斯创立的政党极强的生命力，使其成为政坛常青树。[①] 1929年3月，卡列斯创建了国民革命党。该党虽历经名称和领导层构成的几次变化，但维持执政党的地位却长达71年之久，在墨西哥政治制度化的历程中具有里程碑意义。

在卡德纳斯巩固了一党集权式统治模式后，墨西哥在之后的30多年进入了稳定的发展时期。卡马乔和阿莱曼政府都强调经济增长和社会稳定，继任的科蒂内斯、马特奥斯和奥尔达斯政府均采取不同方式刺激投资，并在一定程度上扩大了政府在经济中的作用，这在保证经济增长的同时也为墨西哥国内的政治纷争留下了隐患。

总的来说，墨西哥在20世纪40年代至70年代间取得了明显的发展成效。其一，经济取得前所未有的增长，产业结构发生了重要变化；其二，一党长期执政的政治模式维持了政治稳定，这与同时期频繁发生军事政变的其他拉美国家形成了强烈反差。1940年后墨

[①] Sarah Osten, *Peace by institutions—The rise of political parties and the making of the modern Mexican state, 1920-1928*, The University of Chicago, dissertation, 2010, pp. 444-450.

西哥实现了经济增长和政治稳定两大"奇迹",一些分析家甚至认为墨西哥为其他第三世界国家开创了一个可资仿效的模式。①

◆ 小　结 ◆

自独立以来到 20 世纪初叶,墨西哥的中央和地方关系一直在"集权—动乱"的模式下循环交替。经过 1910—1917 年革命,墨西哥颁布了 1917 年宪法,为其现代政治改革奠定了基础的制度框架。但是,在宪法颁布后的十几年中,墨西哥政治并未按照宪法设定的初衷稳定发展,而是仍然处于考迪罗割据、政治暗杀和地方动乱的动荡之中。各种政治乱象加上 1929 年经济危机的打击,客观上要求墨西哥提升政治制度化的水平,实行现代化的政党政治,由此催生了 1929 年具有全国影响力的政党——国民革命党的建立。该党建立后,其名称和领导层历经几次变化,逐步形成墨西哥"一党居优"的客观事实,不仅为国家发展提供了可靠的制度保证,也深刻地影响着墨西哥央地关系的演变。

在此制度框架的约束下,墨西哥的央地关系从革命后的松散逐渐变得有序和稳定,割据一方的考迪罗势力被逐渐化解,此起彼伏的地方动乱得到平定。在对官方党进行的几次改组中,每一次都强化了该党在国家政治生活中的中心地位,国家权力也随之通过职团主义体系逐步集中到以总统为代表的革命制度党手中。

---

① 林被甸、董经胜著:《拉丁美洲史》,人民出版社 2010 年版,第 392 页。

第三章 墨西哥央地关系的调整与变化

第一节 由中央集权到地方分权（1982—2000 年）

一、央地关系调整的背景

1982 年债务危机的爆发，及其所形成的巨大的经济和社会压力，推动了墨西哥中央向地方全面放权。1976 年，墨西哥新任总统何塞·洛佩斯·波蒂略（José López Portillo）上台执政。此时墨西哥的进口替代型发展模式已经不合时宜，迫切需要找到新的发展战略。可是在 20 世纪 70 年代末，墨西哥发现了大量的以石油为代表的能源储备资源。1980 年，墨西哥已探明的石油储量占全球总量的 5%，天然气储量占全球总量的 3%，从而迅速占据全世界第四大石油生产国的位置。1976—1981 年，墨西哥的石油收入上涨了 26 倍，从 5 亿美元飙升到 130 亿美元。大量的石油收入为墨西哥转型时期的经济注入了一针强心剂，各阶层民众对此均表现出极为乐观的心态。①

凭借手中掌握的石油财富，波蒂略极力推动以石油化工和钢铁为代表的资本密集型工业部门。但是，这些部门需要以雄厚的经济实力作为基础进口大量的资本设备。当墨西哥国内财富无法满足进口资本货的资金需求时，政府便转向国际信贷机构大量举债。这种完全建立在石油经济基础上的发展模式对世界范围的石油产量和价格的稳定性都有极高要求。随着1981年初世界石油产量的增加和需求的下降，石油价格也应声骤跌。面对即将到来的经济不景气的风险，墨西哥富人对本国货币失去信心，争相购买美元并存入美国银行。这导致墨西哥外汇储备急剧下降，随之引起通货膨胀率不断上升。

1982年8月，墨西哥财政部长赫苏斯·席尔瓦·埃尔索格（Jesús Silva-Herzog）向外界发出通知：墨西哥外汇储备已全部枯竭，无法偿还已到期的外债。② 9月1日，波蒂略宣布对除外国银行之外的所有私人银行进行国有化，并且严格控制外汇交易。这种激进的做法赢得了工会和左派政党的支持，却遭到私有银行的抵制。银行国有化措施得到美国的理解。经过谈判，美国向墨西哥提供29亿美元的援助，允许墨西哥停止向外国银行支付到期外债7个月。此外，国际货币基金组织也向墨西哥提供30亿美元的贷款。作为条件，墨西哥政府必须采取紧缩措施，减少公共赤字，同时在对外贸易中减

---

① 林被甸、董经胜著：《拉丁美洲史》，人民出版社2010年版，第478页。
② Sidney Weintraub, *A Marriage of Convenience Relations Between Mexico and the United States*, New York: Oxford University Press, 1990, p. 136.

少贸易壁垒。①

在巨大的经济和社会压力下，墨西哥进入全面放权的时期。政治上，权力的下放主要依托选举制度和政党制度的改革。经济上，墨西哥实行财政权力从中央到地方的逐步转移。在社会方面，墨西哥的分权化改革主要体现在教育、医疗和其他社会职能上。

二、政治层面的变化

早在20世纪70年代，墨西哥中央集权式的政治模式就出现了松动。对特拉特洛尔科惨案负有责任的埃切维里亚（Luis Echeverría Álvarez）总统为了缓和同知识分子的关系，对内实行"民主开放"，于1971年和1973年两次修改宪法，把获得众议院资格的总票数由2.5%降至1.5%，同时党众议员的最高限额由20名增至25名。由此，国家行动党等反对党在众议院中增加了席位。② 1977年，波蒂略总统向议会提出《联邦政治组织和选举程序法》草案，允许公民自由组织政党，在众议院新增100个席位。这样，众议院的席位就从300席增加到400席。为了进一步创造民主化气氛，选举法规定新增的100个席位由执政党以外、登记在册的政党按比例分配。1986年，所有地方政府均采取改革后的选举制度，"很明显，这项措施旨在通过合法的途径保存甚至增强执政党手中的权力。另外，此时与反对派协商新的政治决议并未危及到执政

---

① 林被甸、董经胜著:《拉丁美洲史》，人民出版社2010年版，第479—480页。
② 徐世澄著:《拉丁美洲政治》，中国社会科学出版社2006年，第291页。

党的权力基础"。①

1982年债务危机后,墨西哥政治层面分权的步伐加快,主要体现在限制总统权力、限制执政党权力和加强联邦制三方面。

(一) 总统权力受到限制

1917年宪法规定墨西哥实行立法、行政和司法三权分立,但长期以来,行政权明显强于其他两项权力。墨西哥总统在决策过程中能够对其他联邦机构产生实质性影响,比如作为立法机构的国会实际上只能屈从于总统的意志。在面对危机时,以总统为代表的行政机构有权做出具有剧变性质的政策决议,如1938年石油工业国有化措施以及1982年银行国有化措施。墨西哥总统的集权性质有三个因素作为基础。其一,一个"统一"的政府。国家事务由单独一个党主宰,所有的总统人选由该党提供,议会两院大多议席被该党占据。其二,严格的党派纪律。这可以保证执政党议员在国会两院作为一个整体发出声音。其三,总统对党的领导。总统有权设定执政党的地位以及利用执政党掌握的资源制裁党内不和谐的因素。② 三个因素中,第一个具有基础性意义,即总统的集权是依附于政党集权之上的。

墨西哥民主化进程侵蚀了总统集权的基础。随着革命制度党霸

---

① Kevin Middlebrook, "Political Liberalization in an Authoritarian Regime: the Case of Mexico", in Guillermo O'Donnell et al., *Transitions from Authoritarian Rule: Latin America*, Baltimore: The Johns Hopkins University Press, 1986, p. 134.

② Jeffrey A. Weldon, "The Political Sources of Presidentialism in Mexico", in Scott Mainwaring and Matthew S. Shugart, eds., *Presidentialism and Democracyin Latin America*. Cambridge: Cambridge University Press, 1997, p. 227.

权地位的丧失，墨西哥总统也失去了与之相关的诸多权力。1988—1997年政党结构的变化改变了执政党的地位。反对党，如国家行动党和民主革命党（Partido de la Revolución Democrática，PRD）在这段时间迅速壮大，在全国选举和议会选举中都分享了不少选票。1997年革命制度党失去议会的多数席位意味着总统集权的第一个因素——统一的政府已不复存在，总统已不具有立法方面的主宰地位。立法权由几个主要政党共同分享，这使得总统不得不就立法事项与反对党协商。

在一系列改革进程之后，虽然墨西哥总统仍然能够对立法过程产生重要影响、能通过直接和民众对话巩固其民意基础、能对国会动议行使否决权，甚至能调整法律实施的具体内容，但是总统的绝对主宰地位已一去不复返。

随着选举竞争日趋激烈，州长的权力也得到提升。那些来自反对党的州长们自然独立性较高，而那些出身于革命制度党的州长相较于他们的前任来说也得到更大自主权。在反对党声音愈发高亢的情况下，总统不得不放弃继任者的任命权，转而选择一位有实力在大选中胜出的候选人。如此一来，要赢得选举，候选人的民意基础比与总统的关系更为重要。特别是在竞争异常激烈的州，州长注重建立独立的地方权力基础，倾向于代表地方利益而非总统的喜好。面对激烈的竞争，州长更愿意在本地而不是联邦政府发展自己的事业。[1]

---

[1] Caroline C. Beer, "Invigorating Federalism The Emergence of Governors and State Legislatures as Powerbrokers and Policy Innovators", in Roderic A. Camp, ed., *The Oxford Handbook of Mexican Politics*, New York: Oxford University Press, p. 130.

(二) 执政党的优势地位受到削弱

纵观20世纪80年代的墨西哥政局,特别是在1988年总统大选之后,左翼政党取得了越来越高的支持率。但是在1988年之前,左翼政党的发展并不明显。在1982年大选中,墨西哥独立的左翼政党如墨西哥统一社会主义党(Partido Socialista Unificado de México, PSUM)只获得4.6%的选票,而革命工人党(Partido Revolucionario de las Trbajadores,PRT)的得票率仅为1.3%。在1985年的中期选举中,革命工人党的得票率维持在1.3%,而墨西哥统一社会主义党则降到3.4%。可以看出,当时这些左翼政党的民众基础并不广泛,还不能在地方或全国层面对革命制度党造成实质性威胁。[1]

1988年总统大选前夕,执政的革命制度党受到其政治属性以及持续低迷的经济状况的双重挑战。党内就分权和新自由主义经济改革产生了分歧,最终导致党的左翼和极具个人魅力的领导人夸特莫克·卡德纳斯(Cuauhtémoc Cárdenas)等人另立新党。大选结果反映了民众对执政党的普遍不满。革命制度党勉强获得了50.4%的选票,左翼联盟和国家行动党的得票率分别是31%和17%。参议院出现了自1930年以来首次4个反对派议席,在众议院,革命制度党也只获得500议席中的260席。此次选举的公正性受到民众的广泛质疑。

1988年大选在革命制度党发展史上具有标志性意义。在国会选

---

[1] Enrique Semo, *La búsqueda*, 1. *La izquierda mexicana en los albores del siglo X*. Mexico City: Oceano. 2003, p. 83.

举中，反对派阵营力量越发强大，宣告革命制度党主宰国家制度时代的结束。从1988年到90年代初，民主革命党迅速壮大，取得了较高的民众支持率。究其原因：一是墨西哥出现了自20世纪30年代以来最有利于左翼政党的社会环境，民主革命党的政治诉求符合民众的利益；二是墨西哥的新闻媒体变得越发独立和自由，敢于通过深入的调查和报道针砭时弊，这有力地阻碍了革命制度党对反对派阵营的压制。[1] 在1991年的中期选举和1994年的总统大选中，革命制度党受到来自反对派阵营更加强大的挑战。在这两次选举中，国家行动党取代民主革命党成为墨西哥第二大党。

塞迪略（Ernesto Zedillo）任总统期间（1994—2000年），执政的革命制度党的优势地位进一步削弱。塞迪略总统任职期间，加快了选举改革的步伐，主要体现在众议院、参议院和联邦选举机构的改革上。首先，在众议院选举方式上，反对党为了结束革命制度党长期一党专权的局面，要求改革选举制度，使革命制度党在立法和政府决策问题上与其他政党协商。民主革命党主张议会由250个单名制选区选举的议员和250个比例代表制议员组成；国家行动党倾向于比例代表制，提议保留300/200构成结构，但要求200个席位严格按照比例代表制原则分配；革命制度党则主张保留1993年的制度。经过艰难的谈判，各主要政党最终同意保留1993年300/200的结构，但是接受最大政党最高8%的"超代表性"（即其在众议院获得的席位数量最多可以超过所得选票的8个百分点）。其次，在参议

---

[1] Kenneth F. Greene, *Why Dominant Parties Lose? Mexico's Democratization in Comparative Perspective*, New York: Cambridge University Press, 2007, p. 94.

院的议员组成上,民主革命党倾向于更高程度的比例代表制;国家行动党认为自己可以在数个州赢得多数,坚持参议院规模要限制在每州 3 名(2 名来自第一大党,1 名来自第二大党),这样参议院将会形成革命制度党与国家行动党的两极格局。最后,民主革命党的意见占了上风。根据新规定,参议院仍有 128 个席位,每州 2 名参议员属于获得选票最多的党,1 名属于得票居第二位的党,另外 32 名所谓"全国"参议员(即不具体代表哪个州),通过比例代表制从全国秘密名单中选出。到 20 世纪末,革命制度党在参议院的席位被限制在 60% 以下。[①] 第三,联邦选举委员会(Instituto Federal Electoral, IFE)更加具有自主性。1994 年,IFE 的决策机构进行了改革,削弱了政党对 IFE 的影响,特别是革命制度党已经无法对总委员会的决定施加太大影响。1996 年,联邦选举委员会"总委员会"的组成又进行了改革,其中的 8 名选举事务委员由政党党团提名,需众议院 2/3 通过才可当选,各政党和议会的代表在新的"总委员会"中不再拥有投票权。至此,联邦选举委员会获得完全自治。[②] 1997 年的中期选举结果表明,革命制度党虽然仍是众议院第一大党,但其比较优势已不像之前那样明显。相较而言,主要反对党,如国家行动党和民主革命党的影响力却大大增强。至此,墨西哥的政党政治格局逐步从一党居优过渡到革命制度党、国家行动党和民主革命党三足鼎立的局面。

---

① 袁东振:《论墨西哥经济转型时期的政治变革》,中国社会科学院博士论文,2002 年,第 47—48 页。
② 同上,第 53 页。

(三) 联邦制得到加强

墨西哥的民主化进程可以体现为权力由总统手中转移到其他政治角色和政治机构上。州政府的党派属性和立法机构成员的多元化消弭了总统的超级权力。为了恢复经济增长,德拉马德里总统(Miguel de la Madrid)(1982—1988 年)开启了一种以市场为导向的发展模式,在开始阶段显得小心翼翼,后期则变得比较大胆。为了重新恢复政治合法性,他允许在地方层面开展选举竞争,进一步确定了政府权力调整时期选举的基础性作用。[1] 1983 年,联邦政府修改宪法第 115 条,从法律的角度加强了市政府的财权,明确了其税收自主权,禁止州议会更换市长。1986 年成立了墨西哥城议会,标志着首都联邦区拥有了自己的立法机构。1996 年,墨西哥城举行了市长选举,这是在该城首次举行直接选举,标志着来自中央政府直接任命的结束。为了贯彻选举权在联邦体制中的实施,墨西哥于 1990 年成立了联邦选举委员会。该委员会于 1996 年取得独立地位,不受总统控制,进而限制了总统不受法律支配的权力。

在民主化过程中,反对党主张更多的地方自主权和民主改革,从而获得了部分地方选举的胜利。所以,墨西哥政治分权的一个突出表现是由反对党控制的州数量不断增多。自 1983 年起,反对党就逐渐在部分市级选举中获胜。德拉马德里政府于 1983 年推出市级改

---

[1] Daniel Levy and Kathleen Bruhn, "Mexico: Sustained Civilian Rule and the Question of Democracy", in Larry Diamond et al., *Democracy in Developing Countries: Latin America*, Boulder: Lynne Rienner, 1999, p. 539.

革方案，在将财产税下放给市政府的同时，也将分权化进程保持在可控范围之内。这项改革举措旨在给予市政府更大自主权，而实际上却为州长提供了获取新资源的途径。根据改革计划，市政府的资金需要通过州政府来分配，这就相当于赋予了州长对资金的决策权。20 世纪 80 年代早期，反对党赢得一系列市级选举，如瓦哈卡州的胡奇坦市、瓜纳华托州的瓜纳华托市、下加利福尼亚州的恩塞纳达市、奇瓦瓦州的奇瓦瓦市和胡亚雷斯市等。更加开放自由的选举伴随着分权化进程给反对党提供了在一些城市立足的机会。依靠这些权力基础，反对党获得了宝贵的经验，向人民证明了其执政能力，推动了民主化进程的深入，同时也为在更大范围内获得选举胜利做好了准备。1989—1992 年间，革命制度党先后失去了对下加利福尼亚州、瓜纳华托州和奇瓦瓦州的控制。隶属于革命制度党、时任格雷罗州州长的何塞·弗朗西斯科·马西厄（José Francisco Ruiz Massieu）曾说："以前我们党是主宰型政党，而现在它只是一个多数党。"[1]

随着反对党在市级和州级选举中不断获胜，革命制度党的执政能力却不断受到质疑。1985 年，墨西哥城遭受罕见的大地震，执政党在面对突如其来的自然灾害时所表现出的无能使党的形象受到损害，也让不少民众失去了信心。再则，1988 年选举宣告革命制度党不再具有压倒性优势，而且此次选举让不少人心存疑虑，认为革命制度党是通过舞弊获得了选举胜利。后来，这些都成为总统将部分权力让渡给反对党的因素，客观上强化了墨西哥联邦体制。

---

[1] Beatriz R. Nevares, *Tierra Adentro: Hablan 14 Gobernadores.* Mexico: El día en libros. 1989, p. 20.

从联邦结构的角度来审视墨西哥政治发展史,可以发现,墨西哥地方政府尤其是州长和州立法机构是集权主义者与联邦主义者产生分歧的焦点。在当前的多党派民主政治中,州长和州立法机构不仅是地方决策的制定者,也是国家政治事务的重要参与者。

三、经济层面的变化

墨西哥中央和地方的经济关系的变化突出表现在财政权的分配与调整上。

(一) 财政分权的要素:事权和财权

关于财政分权和集权的研究始于西方学界,最早出现在查尔斯·蒂布特(Charles M. Tiebout)1956年发表的论文《地方支出的纯粹理论》中。他认为人们之所以愿意选择在某个地方生活,是因为他们想寻求地方政府提供的公共产品和所征税收之间的一种精巧的组合,以使自己所得收益最大化。反过来,当他们达到这一目的时,就会在这一区域从事工作,维护地方政府的管辖,即所谓的"用脚投票"。[①]

不同层级政府间的财政分权实质上属于政府组织体系的问题。为了更加有效地管理国家事务,有必要在不同层级的政府间进行权力分配和协调,对各级政府赋予不同种类和程度的权力。[②] 具体到财

[①] Charles. M. Tiebout, "A pure theory of local expenditures", *The Journal of Political Economy*, 1956, 64 (5): 416 – 424.

[②] 杨顺娥:《地方财政理论与实践》,中国财政经济出版社2010年版,第2页。

政领域，需要厘清与各层级政府相对应的关于财政资源的分配原则、操作办法及调节手段。这其中财政资源的分配是核心，主要包括三个部分：政府间支出责任的划分、政府间财政收入的划分以及为了平衡地方收支的转移支付制度。① 从权力的属性看，政府间支出责任和财政收入属于权力范畴，而转移支付制度更类似于支出责任和财政收入不匹配时的一种补充手段。本书的重点是讨论墨西哥不同层级政府间财政权力的分配，着重分析政府支出责任和政府财政收入，即事权和财权。

（二）财政分权的模式

詹姆斯·布坎南（James M. Buchanan）对政府保持基本的不信任态度，他坚信公共产品由市场提供，认为政府完全没有必要干预市场的这一职能。在中央政府与地方政府的财政关系上，他强烈反对中央政府控制大部分财政收入并通过转移支付的途径来平衡地方财政的做法。② 巴里·R. 温格斯特（Barry R. Weingast）强调中央与地方相互制衡对于一个国家自我执行的重要性，在不同层级的政府间必须形成有效制衡的关系以解决联邦所面临的危机。在一次次危机的冲击下，最终会形成一个具有自我执行效能的联邦。③ 中国经济学家张永生在温格斯特财政分权的基础上，将政府控制权分解为两

---

① 文政：《中央与地方事权划分》，中国经济出版社 2008 年版，第 18 页。
② James M. Buchanan, "An Economic Theory of Clubs", *Econometrica*, 1965 (33): 1–14.
③ Barry R. Weingast, "The Constitutional Dilemma of Economic Liberty", *The Journal of Economic Perspectives*, 2005, 19 (3): 89–108.

个维度，即人事控制权和财政控制权。在他看来，人事控制权在分权序列上具有优先性，基本上奠定了政府权力分配的大方向。① 这与图里亚·G.法莱蒂所提出的分权理论是一致的。图里亚认为中央政府与地方政府的权力分配包括政治权、财政权和社会管理权，就决定央地关系的分权程度而言，政治权的作用大于财政权，财政权的作用又大于社会管理权。因此，在中央向地方下放这几种权力的过程中，不同的权力下放序列会导致不同程度的分权效果。具体来讲，如果中央政府向地方政府首先下放政治权，那么将提升地方政府与中央政府进行讨价还价的地位；在次轮分权中，地方政府会顺势要求取得更大份额的财政权；在有了充足财政权的保障下，地方政府才会最后就社会管理权与中央政府达成协议。简言之，地方政府的事权有财权作为基础，也就保证了其在实际操作过程中具有较高自由度。所以，以政治权为先导的分权序列会造成分权程度极高的效果。② 据此，在讨论财政分权模式的同时若能考虑到政治权力的分配，则分权的效果会更客观（参见图3—1）。

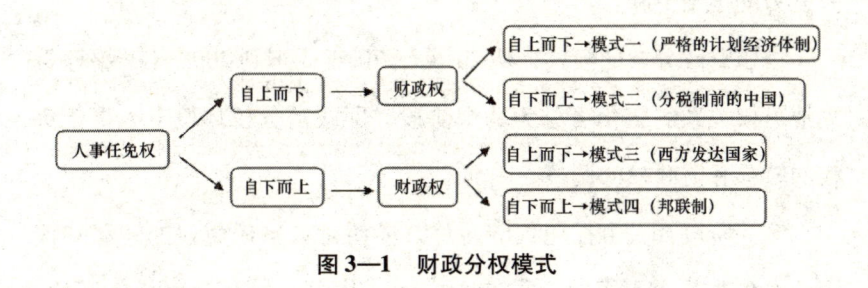

```
                    ┌─自上而下─→财政权─┬─自上而下→模式一（严格的计划经济体制）
                    │                  └─自下而上→模式二（分税制前的中国）
人事任免权──────────┤
                    │                  ┌─自上而下→模式三（西方发达国家）
                    └─自下而上─→财政权─┤
                                       └─自下而上→模式四（邦联制）
```

图 3—1　财政分权模式

---

① 张永生："政府间事权与财权如何划分：国际经验及其对中国的启示"，卢中原主编：《财政转移支付和政府间事权关系研究》，中国财政经济出版社 2007 年版，第 162 页。

② Falleti, T. G. *Decentralization and Subnational Politics in Latin America*. New York: Cambridge University Press, 2010, p. 56.

当人事任免权是"自上而下",即地方政府官员的产生来自上级任命时,该国政府权力的总体形势是偏向集权的。在这样的大背景下,地方财政权若仍由中央控制的话,就形成财政分权模式一,中央过于强大,很容易侵犯地方政府的利益,即类似苏联式的严格计划经济体制。如果地方财政不由中央控制,就形成模式二,例如实行分税制前的中国。在这种模式中,地方政府拥有一定的财政创收权,但同时其人事任免受制于中央,形成制度设计的内在冲突。由于地方政府的人事由中央控制,地方政府在利益分配格局里很难取得和中央相同的地位。当地方官员经由选举产生,而财政收入主要由中央政府控制,就形成了模式三。该模式在西方发达国家中广泛实施,上下级政府分别通过人事权和财政权形成有效的制衡关系,体现出温格斯特所倡导的具有自我执行功能的结构。在模式四中,中央既不能控制地方的人事任免,也不能控制地方的财政,非常松散,类似于邦联制。[①]

总体来说,这四种财政分权模式从上至下(从模式一到模式四)体现了一个国家分权程度的逐渐升高,同时也表明中央干预地方事务能力的逐渐下降。

按照财政分权的模式,从20世纪70年代末到2000年,墨西哥央地财权关系的变化可分为两个阶段,即政治分权环境下人事任免权的转移和财政权的调整。

第一阶段:人事任免权的转移。墨西哥人事任免权的转移和该国的选举改革密不可分。如前文所述,从20世纪70年代末开始,

[①] 张永生:"政府间事权与财权如何划分:国际经验及其对中国的启示",卢中原主编:《财政转移支付和政府间事权关系研究》,中国财政经济出版社2007年版,第163页。

墨西哥从中央到地方进行了选举的改革，这些改革提升了立法机构的地位，也促进了选举的公平性。据统计，1978—1982年间，革命制度党在40个市级选举中败北。[①] 反对党不断在市级选举中获胜表明中央政府有意愿承认地方层面的选举竞争的合法性。随之，地方选举渐趋激烈。从20世纪80年代末到90年代，革命制度党在一次次的选举竞争中不断失去其传统领地，越来越多的州脱离其控制，自然原属于中央的人事任免权，包括指定州长的权力也下放到地方层面。

第二阶段：财政权的调整。根据墨西哥宪法，中央政府负责征收的税种包括外贸、矿产、石油及衍生品、金融机构、电力、森林开发、烟草和酒。从1983年开始，墨西哥宪法第115条规定市政府有权征收财产税以及收取诸如供水之类的公共服务的费用。但在实际操作过程中，由于市政府机构不健全，执行力也较弱，大多数州政府与市政府签订协议，负责帮助管理财产税，并从市政府的收入中提成。[②]

1980年，在波蒂略总统任期内成立了国家财政协调体系（Sistema Nacional de Coordinación Fiscal，SNCF）。直到现在，该体系都是墨西哥收入分享的法定依据。在此框架内，财政协调法（Ley de Coordinación Fiscal，LCF）每年由国会众议院表决通过。该体系通过协调中央、州、市三级政府避免了重复征税。在此基础上，1986年

[①] Carlos Martínez Assad and Alicia Ziccardi, "La descentralización de las políticas públicas en México", in E. Laurelli and A. Rofman, eds., *Descentralización del Estado. Requerimientos y Políticas en la Crisis*, Mexico City: Fundación Friedrich Ebert-Ediciones CEUR, 1989, p. 250.

[②] Cabrero Mendonza, Enrique, and Ady Carrera, "Fiscal Decentralisation and Institutional Constraints. Paradoxes of the Mexican Case", in Working Paper No. 85, *División de Administración Pública*, Mexico City: CIDE, 2000, p. 11.

征收财产税的权力下放给市政府；1988 年州政府取得了征收增值税的权力；1991 年确立了根据州的大小分享联邦收入的原则；1996 年通过旨在减少贫困的联邦第 26 预算条例；1998 年该条例成为有名的第 33 预算条例，规定了中央向地方分配的资源。资金由联邦政府提供，但州政府有权在教育、医疗、基础设施、公共安全、食品和社会救助等方面协调资金的使用。① 在事权方面，该时期体现出墨西哥财政明显的分权趋势。在 20 世纪 80 年代初，中央政府集中了近 85% 的公共支出权力，相比之下，地方政府的公共支出比例则显得微不足道（州政府和市政府分别负责 14.2% 和 1.8% 的公共支出）。② 但在 20 世纪最后 10 年，墨西哥中央政府明显向地方政府下放了大量负责公共支出的事权（参见图 3—2）。

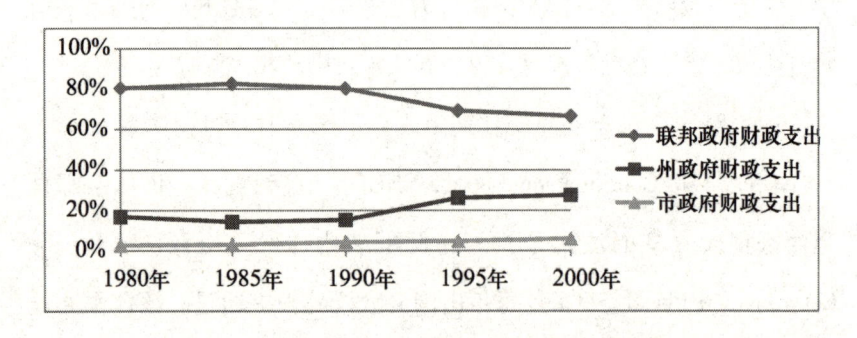

图 3—2　1980—2000 年墨西哥各级政府支出的变化

资料来源：作者根据墨西哥国家统计局网站资料（http://www.inegi.org.mx）绘制。

---

① Sour, L., "El sistema de transferencias federales en México ¿premio o castigo para el esfuerzo fiscal de los gobiernos locales urbanos?", *Gestión y Política Pública*, 2004 13 (3): 733–751.

② Mendoza E. C., "Fiscal Federalism in Mexico: Distortions and Structural Traps", *Urban Public Economics Review*, 2013 (18): 12–36.

与此同时，若从财政收入的角度出发，则会出现大相径庭的权力分配趋势。1980—2000 年，联邦政府的财政收入从 80% 多增长到 90% 以上，而地方政府收入却从将近 20% 下降到低于 10%（参见图 3—3）。

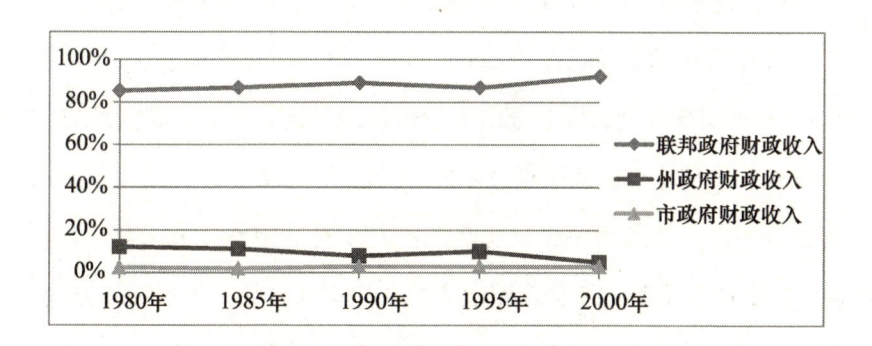

图 3—3　1980—2000 年墨西哥各级政府收入的变化

资料来源：作者根据墨西哥国家统计局网站资料（http://www.inegi.org.mx）绘制。

由此可见，从财政支出的角度考虑，墨西哥在 20 世纪最后 20 年中体现了联邦主义式的改革方向，中央政府和地方政府的支出逐渐趋近，但从财政收入的角度来看，中央政府和地方政府的差距却有所扩大。这样一来就形成了地方政府事权和财权的极不对称。为了弥补地方政府收入支出的巨大差距，中央政府通过转移支付来平衡地方政府财政收支状况。

地方政府获得中央政府的转移支付大致有三条途径：无条件转移支付、裁量性转移支付和有条件转移支付。(1) 在国家财政协调体系建成之初，州政府和市政府从中央分得 13% 的税收收入，到塞迪略总统上台时，由于经济金融危机，这一比例上升到 18.51%。这种从中央无条件转移给地方政府的收入在墨西哥被称为"无条件转移支付"（participaciones）。(2) 裁量性转移支付（discretionary funds）通常由中央向地方投资的形式体现。在 20 世纪 80 年代早期，通过发展协定（Convenios Unicos de Desarrollo, CUDs），中央政府直接向州政府继而向市政府转移公共事务管理资金。在萨利纳斯（Carlos Salinas de Gortari）总统执政期间，发展协定进一步发展成为"全国团结互助计划"（Programa Nacional de Solidaridad, PRONASOL）。根据该计划，资源分配决策由总统制定，然后直接向地方议会和社区转移资金，从而绕过州长和市长。① 总之，该计划体现出浓厚的政治意味，成为中央政府获得地方政府政治支持的工具。1995年12月15日，墨西哥国会修改了财政协调法，突出表现在三方面：第一，无条件转移支付比例从 18.51% 上升到 20%；第二，该法案规定，各州有权征税，如新车税；第三，市政府的份额从 0.56% 上升到 1%。② 虽然这离反对党国家行动党的要求还有不少差距，但这些措施代表着后发展主义时期首次财政分权的尝试。墨西哥学院经济研究和教学中心主任门多萨（Cabrero Mendoza）对此评论道："从1995 年财政分权进程开始，州政府获得了一些新的资源，比如烈酒、啤酒、烟草和酒店的税收。"③ 塞迪略在其总统任期初即表明了要强化联邦制，特别是地方政府的作用。他接受了由反对党推动的改革，并主动为裁量性转移支付设定额度。1998 年，体现总统财政集权的

---

① Falleti, *Tulia Gabriela. Decentralization and Subnational Politics in Latin America*. New York: Cambridge University Press, 2010, p. 222.

② Victoria E. Rodríguez, *Decentralization in Mexico: from Reforma Municipal to Solidaridad to Nuevo Federalismo*. Oxford: Westview Press. 1997, p. 95.

③ Enrique C. Mendonza, and Ady Carrera, "Fiscal Decentralisation and Institutional Constraints. Paradoxes of the Mexican Case", In Working Paper No. 85, *División de Administración Pública*, Mexico City: CIDE. 2000, p. 11.

裁量性转移支付即告结束。(3) 1997 年，革命制度党在众参两院均失去了多数席位，同年底通过了一项名为"第 33 条的新预算方案（Ramo 33）。该方案主要包括有条件转移支付（aportaciones），规定地方政府获取中央政府资助的条件是必须履行中央政府所要求的教育、医疗等社会领域的承诺。应当指出的是，这项方案更多地惠及市政府，而州政府原来所拥有的裁量权却有所削弱。结果，墨西哥各州州长纷纷表示不满，给中央政府施压，要求获得更多的转移支付，终于在 2000 年通过了一项旨在补偿州政府的转移计划——"州政府资助计划"（Programa de Apoyo a las Entidades Federativas，PAEF）。

地方政府为了获得来自中央政府的财政转移，必须以放弃征税权作为代价。所以，该时期墨西哥财政权的调整体现出一种颇有意味的情景：财政支出的分权化和财政收入的集权化并存。这样调整的结果是，地方政府为了保证日常公共事务的正常开支不得不依赖中央政府的转移支付，中央政府对地方政府的财政控制力增强。尽管如此，这一时期的财政权是在政治分权，特别是人事任免权转移的背景下做出的调整。因此，总体上说，墨西哥在这一时期体现了分权的趋势，地方政府的自主权有所提升，完成了从财政分权模式二到模式三的转变。

四、社会层面的变化：以教育为例

一般来说，一国政府在社会领域的职能主要包括教育、医疗和社会保障等方面。本书主要以教育，特别是基础教育为例来说明墨西哥中央和地方政府在社会职能方面权力关系的变化。

墨西哥的教育体系大致分为三个部分：基础教育、高中教育和高等教育。基础教涵盖了一个人接受的最初12年的正式教育，包括三个层次：学前教育（3—5岁）、小学教育（6—12岁）和初中教育（13—15岁）。其中，小学教育和初中教育属义务基础教育。[1] 高中教育、大学教育和研究生教育属非义务教育。在墨西哥，公立学校招收的学生占学生总数的87%，墨西哥教育部（Secretaría de Educación Pública，SEP）负责设定学习课程、选择教学课本、招聘或解聘教学人员以及设定工资等。总之，联邦政府在政策制定上是比较集权的。

墨西哥的公共教育支出占人均国内生产总值（GDP）的5.9%，高于经合组织国家（OECD）的5.6%。政府年均教育支出为280亿美元左右，将近占其可控预算的1/4。来自中央的转移支付可覆盖各州教育支出的85%。[2]

墨西哥的基础教育受到许多因素的影响。在20世纪大部分时间里，墨西哥的教育政策主要由墨西哥教育部和教师工会（Sindicato Nacional de Trabajadores de la Educación，SNTE）负责制定。值得注意的是，这两大权力实体——教育部和教师工会并不是相互独立的。在教育部有一些重要职位，如副部长、董事、主管等由教师工会的人员或曾任职于教师工会的人员担任。[3] 20世纪90年代，墨西哥教

---

[1] 初中教育经过1992年教育改革成为义务教育，在此之前，只有小学教育属义务教育。
[2] Lucrecia Santibanez, Georges Vernez, Paula Razquin, *Education in Mexico: Challenges and Opportunities*. 2005, Santa Monica: the RAND Corporation, p. vlll.
[3] Maria V. Murillo, *Labor Unions, Partisan Coalitions, and Market Reforms in Latin America*. New York: Cambridge University Press, 2001, p. 123.

育部甚至有50%的职位由教师工会占据。① 另外，诸如世界银行和美洲开发银行等国际组织对墨西哥教育也有一定影响，而私人基金会特别是商业组织对教育的影响不大。另外，虽然家长的影响力有所增加，但发挥的作用十分有限。墨西哥中央政府对教育的决策具有高度集权性质，由此滋生的效率低下、透明度低和民众参与度不高等问题受到广泛非议。20世纪70—80年代，墨西哥逐步开始基础教育的改革。改革大体上分为两个阶段进行。

（一）第一阶段：20世纪80年代改革在波折中前行

德拉马德里总统上台后即向教师工会表明改革基础教育的意愿。1983年2月，仅当政几个月后，他就召开了教师工会的第八次全国大会，并在会上强调在确保教师利益的前提下，推进基础教育由中央向地方政府的转移。② 当然，教师工会对此持负面态度。他们认为这种转移会将教师工会分割成31个各自为政的组织，到时将面临经费不足的问题。③ 对此，德拉马德里总统顶住压力，于1983年8月签署法令，将10万所学校、52.5万名教师和1500万名学生的管理权下放到地方政府。但该过程仍不顺利，面对来自教师工会的阻力，总统被迫于1984年签署法令保证教师的权益不受侵害，并且同意在

---

① Tulia G. Falleti, *Decentralization and Subnational Politics in Latin America*. New York: Cambridge University Press, 2010. p. 197.
② Alberto Arnaut, *La Evolución de los Grupos Hegemónicos en el SNTE. Mexico*, D. F.: Centro de Investigación y Docencia Económicas. 1992, p. 26.
③ Alberto Arnaut, *La descentralización educativa y el sindicato nacional de trabajadores de la educación, 1978 – 1988. México*, D. F.: Centro de Investigación y Docencia Económicas. 1992, p. 30.

各州成立由教育部代表、州政府教育主管部门代表和教师工会代表共同组成的委员会，负责各州基础教育事务。这样一来，基础教育的管理和资源并未从中央直接下放到地方，而是形成了州政府与联邦政府之间协调与合作的关系，联邦政府在基础教育领域仍保留了重要权力。

这一阶段墨西哥的基础教育改革进展缓慢，成效有限。1983—1988年，墨西哥GDP年均增长率仅为0.2%，总体社会支出（包括教育和医疗）下降了40%。人民的实际工资也下降了40%，几乎没有新的就业岗位产生。由于营养不良，学龄前儿童的死亡率从1980年的1.5%上升至1988年惊人的9.1%。① 到20世纪80年代中期，基础教育的分权进程陷入停滞。最主要的原因是来自教师工会的抵制；其次是教育部长雷耶斯·厄罗勒斯（Reyes Heroles）于1985年去世，其继任者米格尔·冈萨雷斯（Miguel González）对教师工会的态度比较软弱；再次，80年代持续恶化的经济状况（加上1985年墨西哥城大地震）让政府更加依靠教师工会获得选举的支持。这一系列因素导致80年代墨西哥基础教育改革磕磕绊绊，改革进程不时被打扰或中断。

（二）第二阶段：20世纪90年代基础教育"联邦化"改革

1988年上台的萨利纳斯总统饱受1988年选举舞弊的困扰，迫切

---

① Nora Lustig. *Mexico: the Remaking of an Economy*. Washington, DC: The Brookings Institution. 转引自 Kenneth F. Greene, *Why Dominant Parties Lose? Mexico's Democratization in Comparative Perspective*, New York: Cambridge University Press, 2007, p. 91。

需要提升革命制度党的公信度。为了压制执政党过于庞大的职团主义势力，他任命党内强硬派曼努埃尔·巴特莱特（Manuel Bartlett）为教育部长，以对抗强大的教师工会。接着，萨利纳斯设法使教师工会终止了与革命制度党的正式关系。

作为教育部长，巴特莱特推进了与州长商议教育权力下放的进程。在当时政治分权的背景下，教育权力的下放已经不可逆转。教师工会也顺势在1991年起草了7项旨在促进小学教育现代化的提案，聚焦在三个方面：重新整合教育系统、重新规划教育内容以及重新设定教师的社会角色。① 教师工会的新任领导意识到，为了改进教育质量、提升教育效果，对基础教育的改革势在必行。

1992年，塞迪略任教育部长，开始了墨西哥基础教育改革的重要阶段。他强调将教育"联邦化"，任职后不久即与教师工会进行密集磋商。随后，教育部长、教师工会领导和各州州长于1992年5月18日签署了具有里程碑意义的"基础教育现代化协议"（Acuerdo Nacional de Modernización de la Educación Básica y Normal，ANMEB）。根据该协议，"为整治弥漫着集权主义和官僚主义的教育系统，从现在开始州政府将负责管理学前、小学和初中教育、教师培训以及土著和特殊教育项目"。② 这项协议向地方政府转移了70万教育工作者、1340万名学生和10万所学校的管理权。中央政府保留了设定课程、制订教育计划、编写小学课本、减少地区间教育不平衡的决

---

① Elba E. Gordillo, "El SNTE ante la Modernización de la Educación Básica", *El Cotidiano*, 1992, 51: 12–16.

② ANMEB, Chapter IV, cited in Arnaut, Alberto. *La descentralización educativa y el sindicato nacional de trabajadores de la educación*, 1978 – 1988. México, D. F.: Centro de Investigación y Docencia Económicas. 1998, p. 313.

策权。

"基础教育现代化协议"将基础教育和教师岗前培训下放到地方政府,正式启动教育"联邦化"的进程。同时,该协议引发了对联邦宪法第3条的修订,最终促使起草并通过一项全民教育法案。

除了教育,在医疗方面,墨西哥中央政府自20世纪80年代以来也开始了权力下放的过程,突出表现在要求地方政府承担医疗卫生服务,以期实现权力和责任的重构。整个分权过程可以分为两个阶段:第一阶段从1983年开始,在这一年修改了宪法第4条,将提高民众健康水平提高到宪法的保护层次。其间,重新安排中央政府与地方政府的医疗资源,同时也开始扩大医疗保障的资金来源途径。为了改革的顺利进行,墨西哥卫生部(Secretaría de Salubridad y Asistencia, SSA)起到了协调者和监督者的作用。1982—1988年,墨西哥公共医疗支出从占总公共支出的6.2%下降到2.5%。[1] 第二阶段从1995年开始,墨西哥修改了《社会保障法》(Ley del Seguro Social),并且通过了"医疗部门改革方案(1995—2000)"(Programa de Reforma del Sector Salud 1995-2000, PRSS),要求地方承担更多责任,在分权的基础上为民众提供更为有效的医疗卫生服务。[2]

综上所述,从20世纪80年代初到2000年,墨西哥开始了较为明显的"去中心化"进程,涉及政治、经济和社会各个方面。总的来说,地方政府的权力有了较大幅度提升,自主性有所增强。

---

[1] Sonia Fleury, Susana Belmartino and Enis Baris, *Reshaping Health Care in Latin America: A Comparative Analysis of Health Care Reform in Argentina, Brazil, and Mexico*, Ottawa: International Development Research Center, 2000, p. 133.

[2] Ibid., p. 134.

五、变化动因分析

墨西哥的央地关系在 1982 年后经历了迅速转变,这与当时爆发的债务危机密切相关。这次外部危机集中体现了墨西哥现有体制的诸多弊端,直接导致其政党结构的调整,最终形成从中央向地方全面的放权。

(一)经济危机及其影响

1982 年爆发的债务危机对整个资本主义世界影响巨大。在这一年多里,有近 40 个发展中国家宣布无法偿还已经到期的债务。① 拉美国家成为这次危机的重灾区。人民收入骤降,经济发展陷入停滞状态。由于需要减少进口以防止资金外流,拉美国家的失业率明显上升。通货膨胀削弱了中产阶级的购买力。实际上,整个 20 世纪 80 年代,城市的实际工资水平缩水 20%—40%。另外,政府的财政开支显得捉襟见肘,大量本该用于解决本国社会问题(如贫穷、医疗等)的资金被用于偿还债务。

对于墨西哥,这场债务危机宣告了自二战以来发展主义经济模式的结束。② 1982 年,墨西哥还本付息额为 156.84 亿美元,占当年

---

① 甄炳禧著:《债务:第三世界的枷锁》,世界知识出版社 1991 年版,第 55—56 页。
② 孙若彦著:《经济全球化与墨西哥对外战略的转变》,中国社会科学出版社 2004 年版,第 104 页。

商品和劳务出口的 56.8%。① 1982—1983 年，外债还本付息占出口额的比例为 42.5%，外债总额占出口的比重高达 341%，远远超过国际公认的 20% 和 200% 的安全警戒线。债务危机的爆发使得流入墨西哥的资金大大减少。1983—1990 年，墨西哥资本净流入总额仅为 8 亿美元，占其国内生产总值的 0.2%。资金流入减少的连锁反应是经济的停滞。墨西哥国内生产总值年均增长率从 1978—1981 年的 9.2% 下降至 1982—1984 年的 -0.5%，跌到了半个世纪以来的最低点。②

1982 年债务危机之所以能成为墨西哥政治体制改革乃至央地关系的转折点，是因为此次危机具有以下几方面的重要影响：

1. 债务危机标志着墨西哥经济奇迹的结束

自 20 世纪 40 年代至 70 年代末，墨西哥经济一直保持了稳定而又快速的发展。经济的较快增长为革命制度党的一党专制提供了合法性。而中央集权的政权体制又为经济发展提供了稳定的政治环境。在长达近半个世纪的进口替代发展模式下，墨西哥逐渐形成一党独大的政治统治模式，偏离了 1917 年宪法所体现的联邦主义精神。这种体制虽时常暴露出一些缺陷和弊端，但在经济的持续增长下，其不完善被掩盖了。墨西哥普通民众在良好的经济运行环境中获得了可观的物质财富，生活条件得以改善，同时也认可了墨西哥高度集权的统治模式，甚至有不少民众对这种体制产生了依赖感。"多数墨

---

① 洪育沂主编：《拉美国际关系史纲》，外语教学与研究出版社 1996 年版，第 417 页。

② 江时学主编：《拉美国家的经济改革》，经济管理出版社 1998 年版，第 188 页。

西哥人认为，民主的缺乏不是什么重大的问题，不少墨西哥人甚至还不习惯自由选举、公开辩论和舆论监督这些所谓民主的基本要素，对国家政治制度及其运转方式不太感兴趣。"①

20世纪80年代初经济危机的到来宣告了墨西哥长久以来良好经济发展势头的终结，也表明长期维持墨西哥政治稳定的客观条件一去不复返了。革命制度党统治的合法性基础受到侵蚀，进行体制性的政治改革势在必行。

2. 债务危机体现了政府经济政策的失误与革命制度党威信的下降

20世纪70年代中后期，墨西哥的经济发展模式已证明不可持续，但70年代末发现的大量石油却给政府和人民带来新的希望。民众本寄望于石油以改变当时的困难处境，但政府的"石油政策"却屡屡失误。普通民众认为政府没有利用好由石油带来的繁荣机会，应当为此负责。政坛上充斥着反对派的声音，革命制度党面临来自左右两翼的夹攻。代表左翼利益的墨西哥统一社会主义党指责执政党的经济政策存在失误，并且严正谴责政府在同国际货币基金组织谈判中表现出妥协的态度。代表右翼势力的国家行动党主张政府对经济发展进行低水平干预，此举获得多个社会团体的支持和响应。在左右两翼的共同攻击下，革命制度党在国内的威信逐渐下降，为了维持自己的统治，不得不进行一系列的政治改革，将广阔的政治舞台让位给反对党。作为反对党的支柱力量，国家行动党在20世纪80年代解决了内部的分歧，以更强有力的呼声要求同革命制度党分

---

① 袁东振：《论墨西哥经济转型时期的政治变革》，中国社会科学院博士论文，2002年，第13页。

享权力。短短几年时间，反对党就在地方选举中接连获胜。在 1983 年的地方选举中，反对党一举赢得全国 38 个市长职位，在 7 个市政议会中占多数。①

3. 债务危机唤醒了民众的政治参与意识

在稳定和经济增长的情况下，大多数墨西哥民众对于革命制度党的政治劣行，如选举中的舞弊行为表现得并不是特别在意。20 世纪 80 年代初债务危机的出现，致使墨西哥国内经济形势迅速恶化，执政党失去了传统"一党独大"的合法性统治基础，政治不稳定性加剧。人们在政治不稳定的条件下很难看到经济复苏的希望，继而对执政的革命制度党产生了信任危机，对革命制度党在选举中频频出现的舞弊行为也无法继续容忍。一时间，民众的政治热情和参与意识被极大唤醒，各地纷纷出现罢工、游行等抗议活动，要求保证自己的合法权益。1983 年，墨西哥各个协调委员会联合发起一次市民罢工，吸引了将近 200 万名市民参加，就征税和劳动合同等事宜向政府提出要求。1984 年，民众的抗议活动愈演愈烈。墨西哥劳工联合会举行了两次市民罢工，要求增加工资，同时在偿债方面给政府施压，要求政府为了国计民生停止偿还债务。② 自德拉马德里执政以来，社会积怨和不满情绪持续发酵，在 1988 年总统选举中达到顶点。按照计划，总统选举于 7 月 6 日进行。当显示反对派候选人卡德纳斯的得票数迅速上升时，政府宣布计算机发生故障，并随后进行了暂时关闭。在计算机恢复正常后，结果显示革命制度党候选人

---

① 杨仲林："墨西哥政局浅析"，《拉丁美洲研究》1989 年第 3 期，第 16—20 页。
② 刘文龙著：《墨西哥通史》，上海社会科学出版社 2008 年版，第 351 页。

萨利纳斯仅以50.1%的选票获胜。更加令人疑惑的是，政府在选举结束后立即派军队将投票箱和选票付之一炬。选举过程中暴露出的舞弊现象引起公众的强烈不满，各地的抗议声音此起彼伏。①

通过以上分析可以看出，墨西哥的政治制度带有典型的"一党居优"的特点，革命制度党在该国的地位很难受到来自其他党派的挑战。但即便在这种情况下，其选举制度一直没有中断。这是墨西哥鲜明的政治特征。然而，作为联邦制国家，墨西哥"一党独大"的高度集权式的统治总是会受到合法性的困扰。在国家能够保持政治稳定和经济高速增长的前提下，这种统治的合法性能够得到保障；一旦出现经济低迷，其合法性就会受到质疑，进而推动政治变革。②

（二）政党结构的变化

1982年经济危机对于墨西哥的政治体制改革和央地关系的变化起了推波助澜的作用。但是应该看到，作为一个实行政党政治的国家，墨西哥的政党结构是内生性因素，是一切改革和权力分配的逻辑起点。政党结构本身具有的缺陷在经济危机的冲击下被彻底暴露出来，从而成为政治改革的动因和内容。

1. 政党结构遭遇的困境

其一，执政党的政治劣习招致民众的不满。如同其他政党一

---

① 林被甸、董经胜著：《拉丁美洲史》，人民出版社2010年版，第482页。
② 袁东振：《论墨西哥经济转型时期的政治变革》，中国社会科学院博士论文，2002年，第14页。

样，革命制度党也无法避免政治劣习的存在，尤其是对一个缺乏相对制衡体制和公平竞争环境的执政党来说，更是如此。革命制度党在执政期间表现出的专权、政策不透明、缺乏有效监督、选举舞弊，特别是腐败问题，成为制约该党执政合法性的潜在危险。早在20世纪50—60年代，墨西哥民众就爆发过这种不满情绪。为了改善工作环境、提高工资待遇，墨西哥相继爆发了铁路工人罢工和医务人员罢工。这两次罢工局限于特定的部门，有较强的行业性质，而1968年的学生运动则没有行业划分和经济目的，将这种不满情绪推到了一个新的高度。这次运动"从根本上震撼了现存制度"，虽然并不意味着现存制度的完结，"却在国家大厦之上打开了一个难以弥合的裂隙"。① 在这之后，革命制度党并未有效解决积弊已久的腐败问题，公信力不断下降。进入20世纪80年代，经济危机的爆发将民众的不满情绪从经济领域逐渐转向政治领域。中间阶层和下层民众是遭受打击最严重的群体，他们的抱怨尤其突出。1986年墨西哥举行了州长选举，针对这次选举中出现的舞弊问题，墨西哥民众举行了规模空前的抗议活动。在1988年的总统选举中，革命制度党的候选人萨利纳斯通过一系列暗箱操作的非正规手段也仅仅获得刚过半数的选票，引来全国范围的一片质疑声。1994年的总统选举更是乱象不断。革命制度党的候选人路易斯·多纳尔多·科洛西奥（Luis Donaldo Colosio）以及该党总书记鲁伊斯·马谢乌（Ruiz Massieu）相继遭到暗杀，使人们更加关注选举

---

① ［英］莱斯利·贝瑟尔主编：《剑桥拉丁美洲史》（第7卷），经济管理出版社1996年版，第130—133页。

的合法性和有序性问题。在塞迪略执政时期，墨西哥政坛同样接连爆发政治丑闻，致使大多数民众质疑革命制度党统治的合法性以及确保执政稳定性的能力。连萨利纳斯总统自己也公开承认，自1988年开始，"我们正在结束事实上的一党统治时期。我国正在进入一个多数党和竞争中的激烈反对派的新的政治时期"。①

其二，执政党作为墨西哥革命合法继承者的身份遭到挑战。自独立以来，墨西哥为了实现稳定及现代化的治理模式付出了巨大的代价。在1910年革命以前，墨西哥饱受战乱、独裁、考迪罗割据的困扰；1910—1917年革命造成上百万人死亡、政治暗杀、经济崩溃的结果；革命后墨西哥仍不太平，20世纪20年代多次面临发生军事政变的危险。于是，寻求政治稳定成为墨西哥民众压倒性的政治期待。在这样的背景下，革命制度党应运而生，作为革命的继承者登上政治舞台。在成为执政党后，革命制度党顺应形势的需求，将政党进行改组，并通过职团主义的方式充分吸纳各种社会力量加入，为执政创建了良好的民众基础。同时，执政党颁布的政策，如土地改革、维护劳工权益等等，也充分体现了当时的主流民意诉求。但是，自20世纪80年代以来，执政党对宪法的一系列修改法案却不断挑战墨西哥革命原则，损害了这种曾经建立的民众基础。

首先，中止土地改革。1982年上台执政的德拉马德里政府一改传统上对粮食强调分配的做法，代之以通过市场力量和价格刺激的

————
① ［英］莱斯利·贝瑟尔主编：《剑桥拉丁美洲史》（第7卷），经济管理出版社1996年版，第169页。

办法来提高产量。而曾作为革命核心目标与内容的土地改革也似乎不再像以往那般受到重视了。① 1991 年底，墨西哥议会修改宪法第 27 条和第 130 条，正式宣布停止土地改革，实行村社土地私有化。1993 年，政府再次修改宪法第 23 条，允许土地自由买卖。②

其次，侵害劳工权益。德拉马德里的经济改革措施付出了巨大的社会成本，其中工人阶级受其影响最为严重。一时间，工人失业人数剧增，而同时相应的失业保障体系又未充分建立起来，致使众多失业工人处于孤立无助的境地。由于极力推行私有化改革，墨西哥原先通过国家、雇主、工人组成的三方谈判机制逐渐被削弱，通过行使集体谈判权解决工人的实际问题变得愈发困难。另外，1988 年，政府宣布解散全国最低工资委员会。在这之后，墨西哥虽在名义上还存在最低工资政策，但实际上工人已很难得到最低工资政策的有效保护。

再次，减少政府干预。由于实行经济开放的政策，墨西哥已然放弃了传统的进口替代发展模式，转而强调依靠市场的力量推动国家经济的发展。政府明显减少了在经济运行中的贸易管制、信贷和补贴，以此来降低对经济的干预程度。从政策取向上看，政府逐渐由减少政府公共开支转向支持私有化的措施。1986 年，墨西哥通过关于国有企业的联邦法，明确了改革国有企业的目标和转让国有企业的标准。③

---

① ［英］莱斯利·贝瑟尔主编:《剑桥拉丁美洲史》（第 7 卷），经济管理出版社 1996 年版，第 158 页。
② 袁东振:《论墨西哥经济转型时期的政治变革》，中国社会科学院博士论文，2002 年，第 27 页。
③ 同上书，第 28 页。

以上几项措施的实施标志着革命制度党越来越疏远墨西哥革命的意志，越来越背离1917年宪法所体现的革命精神，其作为墨西哥革命继承者的身份已不复存在。

2. 政党结构的调整与变化

其一，改革选举法，给予其他党派更大政治空间。从20世纪70年代开始，墨西哥传统的中央集权式的政治统治模式就出现了改革的迹象。如前文所述，埃切维里亚上任前对特拉特洛尔科惨案负有直接责任，为了缓和同知识分子的关系，他上台后积极倡导对内实行"民主开放"的政治改革。波蒂略和德拉马德里任总统期间继续进行一系列的选举改革，使得反对派逐渐在墨西哥政坛上增强了自己的声音，首次从制度上保证了多党政治在墨西哥成为可能。

其二，右翼政党崛起。1988年以前，代表右翼势力的国家行动党一直是墨西哥政坛最主要的反对党，得票率在15%左右。国家行动党的支持者主要来自墨西哥城、北部边境地区各州（索诺拉、奇瓦瓦、科阿韦拉、新莱昂、下加利福尼亚州）和传统上较为保守的州（瓜纳华托和哈利斯科州）。其政治主张包括反对革命制度党长期"一党独大"式的专制统治、力主通过民主的方式建立全国和解的民主政府、维护人权、鼓励私有制、实行市场经济等。进入20世纪90年代，该党积蓄的力量在历次选举中逐渐显示出来，接连获得下加利福尼亚州、哈利斯科、奇瓦瓦、瓜纳华托等州的选举胜利，并且控制了像瓜达拉哈拉、华雷斯、梅里达、蒙特雷、阿瓜斯卡连特斯这样一些重要城市。从1952年举行的首次总统竞选到90年代末，国家行动党的候选人不论是在全国层面还是地方层面所得票数的比重都在不断增加,逐渐成为最有可能取代革命制度党的反对党。①

其三,执政党的分裂与左翼政党崛起。在墨西哥的政治生活中,革命制度党并不是铁板一块,其内部存在诸多派系。在20世纪80年代经济危机的巨大冲击下,各派系之间的利益诉求差异加大,特别是新兴的"政治技术派"和传统的革命制度党之间的分歧逐渐公开化。1986年8月,米却肯州前州长卡德纳斯和革命制度党前主席穆尼奥斯·莱多(Muñoz Ledo)聚集起党内一批持不同政见者宣布成立民主潮流派,以此来抨击德拉马德里政府带有极强新自由主义色彩的经济政策和党内的专制腐败现象,要求政府重新制定关系到社会和经济发展的各项政策并且在党内进行民主改革。1988年1月,民主潮流派等14个政党和组织组成全国民主阵线,主张建立一个取代革命制度党的新政府,并开始着手准备将于下一年举行的总统大选。1988年6月8日,该阵线与墨西哥社会党组成选举联盟,推举卡德纳斯为总统候选人,在同年7月的总统大选中获得31%的选票,一举超越传统最大反对党——国家行动党17%的得票率。1989年5月6日,民主潮流派、社会党、争取社会主义运动等11个政党和组织宣布联合组成民主革命党。其政治目标包括恢复墨西哥革命时期的理想、实现国家和社会的民主化、反对革命制度党一党的专制统治、力求国家政治生活多元化等等。② 民主革命党的成立,表明墨西哥左翼政党的崛起和壮大,同时也是墨西哥走向多党政治的重要标志。

---

① 徐世澄著:《墨西哥政治经济改革及模式转换》,世界知识出版社2004年版,第115页。

② 同上书,第117—118页。

第二节 由地方分权到部分权力回归中央（2000—2012年）

2000年大选在墨西哥政治史乃至整个历史上都具有十分重要的意义。国家行动党和绿色生态党组成的变革联盟的候选人比森特·福克斯（Vicente Fox）以42.52%的得票率击败革命制度党候选人弗朗西斯科·拉瓦斯蒂达（Francisco Labastida）当选总统，这是墨西哥历史上第一次反对党在总统大选中获胜，它标志着墨西哥政治从一党居优制向多党竞争制转变的完成。自2000年以来，墨西哥的央地关系进入动态调整时期，大体上沿着三条线路进行：其一，以州长为代表的地方政府势力不断加强；其二，在经济领域政策变化幅度不大；其三，层出不穷的社会问题，特别是毒品犯罪又迫使墨西哥中央政府收回部分权力以便进行整体部署。

一、政治层面的变化

福克斯总统执政时期，州长成为墨西哥国内政治的重要角色。始于20世纪德拉马德里政府的财政分权使州长获得越来越大的财政预算权。21世纪初，福克斯更是增加了中央向地方政府的财政转移。同时，多党竞争的民主化进程限制了总统的职权范围，为州长权力的提升创造了空间。一方面，革命制度党虽然在2000年的总统大选中落败，但仍控制着大部分州。到2011年为止，虽然墨西哥很多州都有过不同党派属性的州长，但仍有 10 个州的州长一直具有革命制度党的背景。出于党派和地方利益的考虑，由该党控制的地方政府加大了反对总统的力度。另一方面，出身于国家行动党和民主革命党的州长拥有丰富的从政经历，在党内极具影响力，从而增强了地方政府自治程度。① 州长的影响力在不断增强，一个显著标志是 2000 年总统大选的主要候选人均出身于州长。获得 2000 年选举胜利的福克斯总统在 1995—1999 年间一直担任瓜纳华托州的州长；民主革命党候选人卡德纳斯在 1980—1986 年间任米却肯州的州长，在 1997—1999 年间任墨西哥城的市长；革命制度党候选人拉瓦斯蒂达曾于 1987—1992 年间担任索诺拉州的州长。甚至在革命制度党内部，州长也显示出重要的影响力。在革命制度党第一轮党内选举中，4 位候选人中有 3 位曾担任过州长。除拉瓦斯蒂达外，他的有力竞争对手罗伯托·马德拉索·平塔多（Roberto Madrazo Pintado）曾在 1994—2000 年间任塔巴斯科州的州长；曼努埃尔·巴特莱特·迪亚斯（Manuel Bartlett Díaz）在 1993—1999 年间担任普埃布拉州的州长。2006 年大选依然如此。② 曾任塔巴斯科州州长的马德拉索成为革命制度党的总统候选人。他是在党内竞争中击败了曾任墨西哥州州长的阿杜罗·蒙蒂尔·罗哈斯（Arturo Montiel Rojas）之后获得这一提名的。来自民主革命党的候选人是安德列斯·曼努埃尔·洛佩兹（Andrés Manuel López），他曾是墨西哥城的市长。在 2012 年总统

---

① Caroline C. Beer, "Invigorating federalism: the emergence of governors and state legislatures as powerbrokers and policy innovators", inRoderic A. Camp, ed., *The Oxford Handbook of Mexican Politics*, New York: Oxford University Press, 2012. p. 134.

② 不包括胜选者——来自国家行动党的候选人菲利佩·卡尔德龙。他虽未曾出任过州长，但却是米却肯州立法委员会的成员，并且曾参加过 1995 年米却肯州的州长竞选。

竞选中，来自革命制度党的恩里克·培尼亚·涅托（Enrique Peña Nieto）曾任墨西哥州州长。越来越具实力的州长同革命制度党一党独大时期形成了鲜明对比。1958—2000 年，墨西哥总统均无任州长的背景。

总统影响力的下降也与联邦立法和司法机构得到加强有关。在福克斯执政期间，联邦立法机构越来越活跃，独立性有所提高。"事实上，立法机构要么修改，要么驳回了几乎所有福克斯总统的提案。"[1] 与此同时，在福克斯主政期间，最高法院和相关的司法系统的职责得到强化。例如，尤卡坦州在 2000 年的选举纷争最终通过最高法院而不是总统介入得以化解。当时该州的立法机构充斥着革命制度党成员。国家行动党和民主革命党都认为该州州长维克多·塞韦拉·帕切科（Víctor Cervera Pacheco）准备利用选举委员会来操纵州长的选举。这两个党向联邦选举法庭提起诉讼，法庭下发决议，要求该州立法机构解散选举委员会，通过其他更为公平的途径来进行选举，但该州立法机构却反复拒绝执行法庭决议。2001 年 3 月，最高法院宣布州立法机构必须遵从联邦选举法的相关条款执行决议。再比如，2001 年墨西哥城的市长拒绝接受来自中央政府的夏时制安排，可谓公然挑战福克斯政府的权威。最高法院做出了有利于墨西哥城的判决，并且声明只有联邦立法机构而非总统有权做出此类安排。可见，最高法院成为联邦政府和州政府解决分歧的最终仲裁者，这不仅彰显了总统和司法部门的新型关系，也反映了中央政府同地

---

[1] Emily Edmonds-Poli, "Decentralization under the Fox Administration: Progress or Stagnation?", *Mexican Studies*, 2006, 22 (2), p. 399.

方政府的新型关系。①

州长权力的加强还体现在其通过参与一些组织联合在一起,用同一种声音说话,以便从中央政府争取更多的利益和资源。1999年,民主革命党的州长们建立了"全国州长联合会"(Asociación Nacional de Gobernadores, ANAGO)来维护他们的权益。2002年,来自革命制度党的州长也加入进来,并将该联合会改组成"全国州长会议",(Conferencia Nacional de Gobernadores, CONAGO)以通过游说中央政府获得更多资源和更大份额的联邦转移支付。起初"全国州长会议"仅有20个成员,因为国家行动党的州长们没有加入,他们害怕该组织主要职责在于反对福克斯政府。随着该组织逐渐壮大,变得更具影响力,国家行动党的州长们纷纷加入。最终"全国州长会议"的成员囊括了所有31个州的州长和墨西哥城的市长。

"全国州长会议"促进了《国家财政协议》的颁布。根据该协议,联邦政府、州政府和市政府都有权商议税收改革和收入分配的问题。福克斯给州政府和市政府施压,促使他们能够从地方层面获得更多税收收入,但这些地方政府的官员(特别是来自革命制度党和民主革命党的官员)更希望从中央政府获取更大份额的无条件转移支付。两大在野党反对福克斯政府将食品和药品纳入增值税的范畴,称"此举实属倒行逆施"。②"全国州长会议"还成为强硬派州长绕过联邦立法机构直接参与国家政治事务的渠道。通过该途径,

---

① Todd Eisenstadt, and Jennifer Yelle, "Ulysses, the Sirens, and Mexico's Judiciary: Increasing Commitments to Strengthen the Rule of Law", in Roderic A. Camp, ed., *The Oxford Handbook of Mexican Politics*, New York: Oxford University Press, 2012. pp. 221-222.

② Emily Edmonds-Poli, "Decentralization under the Fox Administration: Progress or Stagnation?", *Mexican Studies*, 2006, 22 (2): 387-416.

州长能够拖延甚至阻挠福克斯财政改革计划的实施，同时促使联邦政府与州政府分享更多的石油收入。总之，由于"全国州长会议"的成员来自地方政府，且大部分来自反对党，该组织有力地提升了州长乃至州政府的自治权力。

在央地关系的调整过程中，州立法机构的改革也发挥了重要作用。每当反对党控制了州立法机构，这些机构就会成为州政府行政权力的有效制衡。反对党控制下的立法机构对财政预算有严格监控。反之，当立法机构的大部分成员和州长具有相同的党派属性时，行政和立法关系会明显改善。例如，联邦区立法会（The Asemblea Legislativa del Distrito Federal，ALDF）在国家政治争论中成为一个举足轻重的政策改革者和推动者，同时也体现出在新时期墨西哥联邦体制的特点。联邦区立法会的管辖范围包括墨西哥城，其自1997年以来一直由民主革命党控制。该立法会通过了许多有争议的措施，在墨西哥全国范围内引起了剧烈反响。2007年，它裁定堕胎合法。作为回应，由国家行动党执政的联邦政府向最高法院提起诉讼，主张该法律违宪。最高法院最终以8∶3的票数裁定该法律并不违宪。民主革命党和众多妇女组织力图使这项墨西哥城法律得以在全国范围内实施，但受到国家行动党的阻碍。由该党控制立法机构的州开始着手修改州宪法，增补条款规定"生命开始于自受精之时"。在一些州，国家行动党联手革命制度党共同推动反对堕胎的法律。2009年底，墨西哥共有17个州反对堕胎的宪法修正案。2010年，最高法院同意审查这些反对堕胎法律是否符合国家宪法精神。从另一个例子也可看出地方立法机构在促进政策变动和引发全国性辩论方面所起的作用。2009年，联邦区立法会通过了同性婚姻法案，这一举动遭到索诺拉、莫雷洛斯、哈利斯科、瓜纳华托和特拉斯卡拉州的反对。这场争议也使得天主教广泛参与其中，最终以修宪收场。宪法修正案在参议院以压倒性的票数得以通过。①

在地方立法机构权力不断提升的同时，地方政府对立法机构的控制成为地方集权统治的权力来源。州长甚至利用对州立法机构的控制来阻碍联邦改革方案的实施。例如，在瓦哈卡州，州长乌利塞斯·鲁伊斯·奥尔蒂斯（Ulises Ruiz Ortiz）在2006—2007年间对教师工会进行了血腥镇压，此举遭到联邦政府的强烈谴责。2009年10月，联邦最高法院调查发现该州长曾多次践踏人权，参众两院也对此进行谴责，并要求他下台。民主革命党和劳动党（Partido del Trabajo, PT）要求启动弹劾程序，但是由革命制度党控制的州立法机构却迟迟不愿启动针对州长的弹劾程序。州长与地方立法机构的关系由此可见一斑。②

总之，在21世纪的央地关系格局中，州政府成为更重要的角色，推动着民主化进程的发展。一些民主化程度较高的州希望联邦政府加快民主化改革的深入进行，而一些比较集权的州又不允许联邦政府染指其地方事务。结果，联邦政府遭到两派的联合质疑，影响力逐渐减弱。在21世纪的多党派民主政治中，总统权力被大大削弱。联邦立法和司法机构力量得以增强，州长也成为墨西哥政治生活中的重要角色。

---

① Caroline C. Beer, "Invigorating Federalism The Emergence of Governors and State Legislatures as Powerbrokers and Policy Innovators", in Roderic A. Camp, ed., *The Oxford Handbook of Mexican Politics*, New York: Oxford University Press, p. 137.

② Ibid., p. 137.

二、经济层面的发展趋势

如上文所述,福克斯总统执政时期,州长成为墨西哥国内政治的重要角色。始于20世纪德拉马德里政府的财政分权使州长获得越来大的财政预算权。21世纪初,福克斯政府更是增加了中央向地方政府的财政转移。

在墨西哥政治分权态势进一步巩固的前提下,财政权的调整呈现出较为稳定的发展趋势(参见图3—4和图3—5)。

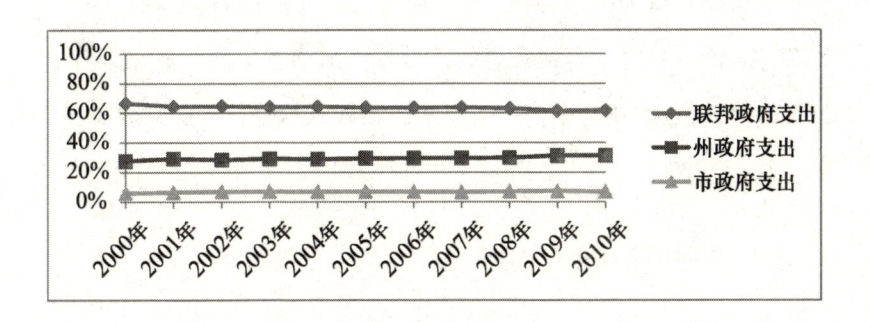

图3—4　2000—2010年墨西哥各级政府支出的变化

资料来源:作者根据墨西哥国家统计局网站资料(http://www.inegi.org.mx)绘制。

从图3—4可以看出,在21世纪的头10年中,墨西哥各级政府财政支出的比例几乎没有变化。联邦政府的支出比例超过60%,地方政府的支出比例(包括州政府和市政府)接近40%。图3—5呈现出的墨西哥各级政府财政收入比例也比较稳定。联邦政府的收入比例一直在90%上下浮动,而地方政府的收入比例(包括州政府和市政府)基本处于10%以下。墨西哥仍属于财政支出分权化与财政

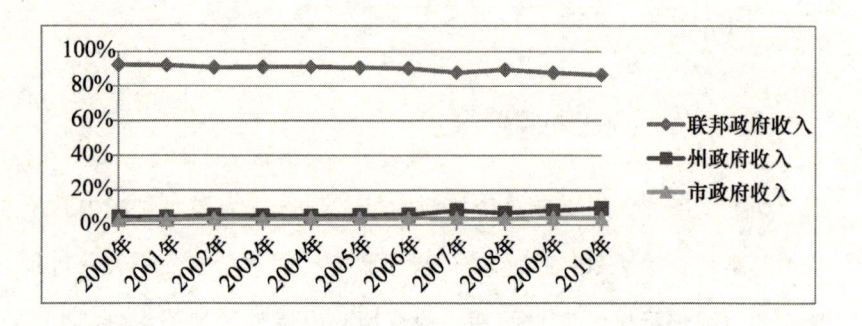

图 3—5　2000—2010 年墨西哥各级政府收入的变化

资料来源：作者根据墨西哥国家统计局网站资料（http://www.inegi.org.mx）绘制。

收入集权化并存的财政体制。这说明，就财政权而言，墨西哥中央政府仍对地方政府具有强有力的控制权。从财政分权模式的角度看，墨西哥财政在这 10 年中仍属于模式三，即政治分权下的财政集权。

三、社会层面的变动趋势

墨西哥社会层面的变动较复杂，在不同领域呈现不同趋势。在教育和医疗等领域，继续呈现分权的趋势，而毒品泛滥和政府的反毒政策又促使政府收回一些社会领域的职能和权力。

首先，我们仍以墨西哥基础教育改革为例。进入 21 世纪，特别是当反对党国家行动党于 2000 年和 2006 年连续执政后，基础教育进一步被下放给地方政府管理。国家行动党长期以来致力于阻止墨西哥教育集权化，2000 年该党力量强大的州，特别是由该党掌控的州表达了对教育集权最强的反对声音。究其原因：一方面该党拥有为数不少的天主教徒，他们对基础教育的世俗化倾向有所不满；另一方面，国家行动党主要得势于北部的州，令位于墨西哥城的中央政府鞭长莫及。实际上，在"基础教育现代化协议"签署前就有部分州暗中与中央政府较劲，力图争取到对基础教育的部分管理权限。更有甚者，一些州设定了与中央教育系统平行的教育机构。这也是导致墨西哥州际基础教育差别很大的原因之一。

自20世纪80年代末上台执政的四位总统——萨利纳斯、塞迪略、福克斯和卡尔德龙（Felipe Calderón），虽说他们不是出自同一个执政党，但其在基础教育领域的分权化改革却有着一致性和连续性。福克斯总统在任内鼓励州政府自主设定课程和课本，只要这些设定不违背教育部的课程规划就行。教育部于2001年颁布了《国家教育计划2001—2006》，对墨西哥教育体系做了长远规划。根据该计划，到2025年，墨西哥教育要在质量、入学率和平等性三个指标上得到改善。[1] 教育改革要着重夯实基础，特别是要改善边缘化人群（农村地区人口、城市贫民和土著人民）的教育现状。2006年，卡尔德龙当政后，基础教育的分权化进程有所放缓，这主要因其执政重点在于打击毒品暴力犯罪和推进移民法改革。[2] 即便如此，在其任内仍颁布了《墨西哥教育规划2007—2012》，将这个阶段的主要目标定位于扩大民众受教育机会，实现教育平等。落实到基础教育，要求完善"机会平等"奖学金方案；保证教育服务供给与需求的平衡，把解决学前教育的供需失衡置于优先地位；同时要更好地保障

---

[1] SEP, Programa Nacional de Educación, 2001–2006. Mexico City: SEP, 2001.
[2] "Mexico's Felipe Calderon", Council on Hemispheric Affairs. http://www.coha.org/2007/11/mexicos-felipe-caldern, 2007.

边缘性群体的受教育权,特别是要注重培养会说土著语言的教师等等。①

在医疗方面,墨西哥延续了始于20世纪90年代的分权化趋势,采取更为务实的态度统筹协调中央政府和地方政府,以期达到全民覆盖和减少医疗保障碎片化的问题。鉴于墨西哥在21世纪初仍有超过一半人口没有医疗保障的社会现实:一方面,该国于2001年至2003年开始试点实行"大众医疗保险制度"(Seguro Popular de Salud,SPS),于2004年1月正式推行,其目的在于扩大社会医疗保险的覆盖面,新增参保人员的融资来源主要是中央政府和地方财政转移支付;另一方面,墨西哥于2004年正式建立"医疗社会保护制度"(Sistema de Protección Social en Salud,SPSS),以便加强卫生部的领导作用,强化对整个医疗卫生体系的监督、绩效评估和管理。②这样一来,中央和地方在医疗保障领域的改革在总体分权化背景下显得更具有操作性。

除了教育、医疗和社会保障外,墨西哥政府在21世纪的社会职能突出表现在对社会问题的处理上。在中央不断向地方下放权力的进程中,特别是在卡尔德龙主政期间(2006—2012年),墨西哥遭到以毒品暴力犯罪为首的多种社会问题的困扰。甚至有学者声称墨西哥猖狂的毒品暴力犯罪应部分归因于该国的民主化进程。③ 与教育和医疗改革不同,墨西哥对毒品犯罪问题的治理显示出越发集权的

---

① Programa Sectorial de Educación 2007 – 2012. México: Gobierno Federal. http://www.ses.sep.gob.mx/wb/ses/programa_sectorial_de_educacion, 2007.

② 齐传钧:"墨西哥医疗卫生制度的变迁与改革",《拉丁美洲研究》2010年第4期,第43—48页。

③ Shannon O'Neil, "The Real War in Mexico." Foreign Affairs, 2009, 88 (4): 63-77.

趋势。

(一) 与毒品相关的犯罪增多

墨西哥毒品犯罪问题从反对党控制的州最先凸显出来：自从国家行动党 1989 年在下加利福尼亚州获胜之后，毒品犯罪迅速蔓延；1992 年国家行动党在奇瓦瓦州获胜后也发生了同样的情况。[1] 毒品犯罪的肆虐成为社会不安定的主要因素之一，因毒品犯罪而伤亡的人员包括毒贩、警察、士兵和平民等。

在毒品犯罪肆虐墨西哥全境的背景下，一些州长和市长因牵连其中而被逮捕。2009 年，来自米却肯州的 10 位市长被捕。莫雷洛斯州州长豪尔赫·卡里罗（Jorge Carrillo）被怀疑参与毒品交易。2010 年的州政府选举更是受到来自毒品危机的困扰。民主革命党候选人、坎昆市市长格雷戈里奥·桑切斯（Gregorio Sánchez）角逐金塔纳罗奥州州长的竞选，但最后因洗钱和给毒枭提供保护而被批捕。来自革命制度党的鲁道夫·托雷·坎图（Rodolfo Torre Cantu）参加了 2010 年 7 月的塔毛利帕斯州州长竞选，却在竞选前不到一周被暗杀。由此可见，墨西哥的毒品暴力犯罪问题大有向各州各市渗透的趋势。[2]

随着对毒品犯罪报道的增多，新闻记者也成为毒贩重点报复的对象。据统计，从 2000 年 1 月到 2012 年 8 月，共有 98 名记者因报

---

[1] Shannon O'Neil, "The Real War in Mexico." *Foreign Affairs*, 2009, 88 (4): 63-77.
[2] Caroline C. Beer, "Invigorating Federalism The Emergence of Governors and State Legislatures as Powerbrokers and Policy Innovators", in Roderic A. Camp, ed., *The Oxford Handbook of Mexican Politics*, New York: Oxford University Press, p. 138.

道毒品犯罪而遇害。① 面对猖獗的毒品犯罪以及诸如绑架、失踪等其他社会问题，墨西哥政府反应较为迟钝。卡尔德龙总统在任期内打击毒品犯罪的力度乏善可陈，甚至在很多时候还压制对毒品犯罪问题的报道，因为在他看来，墨西哥媒体对毒品暴力犯罪的大肆报道有损墨西哥国家形象，不利于吸引外来投资。② 虽然福克斯和卡尔德龙政府采取了一些措施，如建立和完善制度体系来保持社会稳定，但地方政府在打击社会犯罪问题上显得更加无能为力。不少人权组织开始质疑地方政府是否有能力彻查针对记者的刑事犯罪案件。为了进一步有效打击犯罪，保护人民的生命和财产安全，在卡尔德龙执政末期通过了对宪法第73条的修改，规定联邦政府有权调查、审问针对记者、平民和财产的犯罪。该项修正案赋权给联邦法院接手原属于州法院权限的任何案件，从而大大加强了联邦政府的权限范围。同时，颁布《保护人权维护者和记者法》（Ley para la Protección de Personas Defensoras de Derechos Humanos y Periodistas），旨在推进中央和地方政府的合作以保护那些为了促进社会正义的群体的权益。

（二）政府应对毒品犯罪的途径

面对越发猖獗的毒品犯罪问题，墨西哥政府明显增强了中央对地方的统筹作用。政府主要依靠三种途径来应对该问题：动用军队力量进行打击、改革司法体制和与美国保持密切合作。其中，动用军队力

---

① Emily Edmonds-Poli, "The Effects of Drug-War Related Violence on Mexico's Press and Democracy", in *Working Paper Series on Civic Engagement and Public Security in Mexico*, April, 2013, p. 4.
② Ibid., p. 19.

量和与美国保持合作彰显了墨西哥强化中央部署的决心和方向。

1. 动用军队力量进行打击

在动用军队打击毒品犯罪之前，墨西哥各州主要依靠当地警察来维护社会治安，呈现出较为分散的态势。地方警察对毒品犯罪问题的治理效果并不明显，主要由两大原因造成：第一，地方警察力量分散，容易形成各自为政的局面，不利于中央战略的统一部署，如集中力量进行定点打击；第二，不少地方警察本身就与贩毒集团有千丝万缕的关系，甚至充当贩毒集团的马前卒。鉴于民众对于地方警察维护社会治安越来越缺乏信心，加强中央权威以调动军队进行打击成为墨西哥政府的必要选择。卡尔德龙上台后，立即要求财政部增加24%的预算经费用以维护社会安全，并派联邦军队进入严重受制于毒品犯罪的州。自2006年以来，联邦政府动用了上万人的军队，包括安置检查点、增加街道巡逻、对毒品犯罪率高的几个州进行执法监督等。①

在军队力量的高压打击下，几个大毒枭和几千毒贩被逮捕，墨西哥的毒品犯罪问题在一定程度上得到遏制。同时，卡尔德龙政府为了司法部门的长远发展，对于墨西哥治安维护、犯罪调查和审判程序的改革都做了很多基础性工作。

2. 改革司法部门

长期以来的分权化改革造成各级政府之间的合作缺失，司法部门也不例外。面对这种问题，2008年墨西哥立法会通过了一揽子宪

---

① David A. Shirk, *The Drug War in Mexico: Confronting a Shared Threat*, the Council on Foreign Relations, 2011, p. 10.

法改革法案。依靠对警察和和司法部门的改革，立法机构决心改变刑事司法制度以提升公共安全、加强调查的深度、提高对嫌疑人的保护以及加大对组织犯罪的打击力度。① 这次具有重大意义的改革从总体上说属于自上而下的整体设计，体现了较强的制度化倾向，联邦司法机构在其中起着主导作用。② 但是，要在短期内达到这些目标绝非易事。提高墨西哥司法系统的制度化程度意味着加大对此的财政投入。据联邦司法委员会估算，要完成此项改革需要至少增加20亿美元的预算，这确实是一笔很大的财政负担。③

3. 与美国保持密切合作

墨西哥应对毒品犯罪问题离不开与美国的合作。作为全球最大的毒品消费国，美国为墨西哥贩毒集团提供了广阔的市场、充足的资金和先进的武器，成为墨西哥毒品犯罪强有力的诱因。据粗略统计，每年墨西哥毒贩从美国市场可以赚取60亿—70亿美金的收入，其中70%来自诸如可卡因、海洛因、冰毒和其他合成性毒品。④ 美国出售的枪支、弹药、炸药等也助推了墨西哥毒品犯罪问题。

面对日益恶化的毒品犯罪问题，美国总统奥巴马明确表态要增强国际合作、加强信息共享、提供法律援助，以更好地打击毒品犯罪。墨西哥方面也采取积极姿态，与美国合作。自2007年以来，美

---

① David A. Shirk, *The Drug War in Mexico: Confronting a Shared Threat*, the Council on Foreign Relations, 2011, p. 11.
② Niels Uildriks, *Mexico's Unrule of Law: Implementing Human Rights in Police and Judicial Reform under Democratization*, Plymouth: Lexington Books, 2010, p. 235.
③ Ibid.
④ David A. Shirk, *The Drug War in Mexico: Confronting a Shared Threat*, the Council on Foreign Relations, 2011, p. 13.

国通过"梅里达倡议"(the Mérida Initiative)向墨西哥提供援助。通过双边的密切合作，两国政府就计划、策略和途径达成一致。据统计，美国每年就打击毒品犯罪向墨西哥提供的直接经济援助达到43亿美元。根据计划，"梅里达倡议"的首期资金援助于2009—2010财年到期。随后，奥巴马政府同墨西哥当局又发布了更长期的合作框架，包含四点计划：加深打击毒品犯罪的两国合作；为司法部门提供更多支持；加强两国边境检查以及制定新的社会规划以重塑被暴力犯罪肆虐的墨西哥社区。[1] 这种国际合作从性质上说属于外交领域，这在传统上是专属于墨西哥中央政府的特权。加强与美国政府的合作无疑会提高墨西哥中央政府在打击毒品犯罪问题上的权威。

墨西哥的社会问题至今依然严重，表明现阶段政策效力的有限性。在过去的十几年中，墨西哥针对社会问题，特别是毒品犯罪缺乏一以贯之的清晰目标，同时也耗费了大量的社会和经济成本。[2] 这说明，以州政府推动的、旨在靠强力打压解决毒品问题的方式并不能有效地制约毒品的生产、分配和消费。在墨西哥日益走向分权的今天，要解决上诉社会问题离不开协调各州利益、统筹全国资源以及加大从国家层面进行控制的力度。

质言之，自2000年以来的福克斯政府和卡尔德龙政府在政府分权问题上处于非常尴尬的境地：一方面，始于20世纪70—80年代的地方分权进程不可逆转，以州长为代表的州政府在21世纪初进一

---

[1] David A. Shirk, *The Drug War in Mexico: Confronting a Shared Threat*, the Council on Foreign Relations, 2011, p. 15.

[2] Peter Reuter, "How Can Domestic U. S. Drug Policy Help Mexico?", in Olson, Shirk, and Selee, eds., *Shared Responsibility: U. S. - Mexico Policy Options for Confronting Organized Crime*, Woodrow Wilson International Center for Scholars, Mexico Institute, 2010, pp. 121 - 40.

步获取了更大的权力；另一方面，面对层出不穷的社会问题，特别是毒品犯罪，地方政府各自为战，往往显得力不从心，需要中央政府进行统一安排和部署。从这个意义上说，中央需要收回一定权力。需要注意的是，这种权力的集中主要局限于社会管理权，一般不涉及政治权和财政权，属于有限的权力收回。所以，这个阶段的央地关系并非单线发展，而是处于一种动态的调整之下。

四、变化动因分析

自 2000 年以来，墨西哥的央地关系从全面放权逐渐转向动态调整时期。在以州长为代表的地方政府不断加强权力的同时，中央对地方在社会管理领域进行了部分的权力收回。引起这种转变的最直接原因是墨西哥严重的社会危机，以及与时代发展不相适应的政党结构。

（一）社会危机的后果

1. 社会安全问题凸显

从 20 世纪 70 年代开始，墨西哥经济发展的不稳定性和不确定性造成了严重的失业问题，就业市场大大萎缩，各类社会犯罪问题层出不穷。80—90 年代的新自由主义经济改革缓解了债务和国内通货膨胀问题，但也助长了墨西哥非正规经济的发展。据统计，当时的非正规经济活动占到该国经济总量的 40%。[①]

[①] José Brambila Macias, and Guido Cazzavillan, "Modeling the informal economy in Mexico: a structural equation approach", *The Journal of Developing Areas* 2010, 44 (1): 345 - 365.

随着世界经济一体化的开展，一些非法交易也通过全球经济网络迅速蔓延。在这些非法交易中，毒品交易的覆盖面最广，而且对经济网络的渗透最深、危害最大。20世纪70年代，可卡因在美国的销量剧增。80年代，毒品的生产和销售逐渐取道墨西哥。虽然墨西哥长期以来就是美国大麻、鸦片和合成药品的供应地，但可卡因的到来极大地扩充了该国的毒品市场，为45万人创造了就业机会。据官方估计，毒品交易占到墨西哥GDP的3%—4%。① 90年代中期，因为严重的经济危机，墨西哥社会安全局势开始恶化，抢劫和财产犯罪数量激增。在经济形势稳定后，贩毒组织之间的斗争仍在继续，并且犯罪手段更趋多样化，如绑架、抢劫、贩卖人口、敲诈勒索等。毒品犯罪已成为威胁普通墨西哥民众的主要社会危险。自2005年以来，每年与毒品有关的凶杀罪案增长了6倍。据报道，仅在2010年一年，毒品犯罪就造成超过11000人死亡。墨西哥政府估计，2007—2010年，在总共约45000件凶杀案中，有超过32000件与毒品有关。②

2. 贫困问题加剧

受1982年债务危机和1994年金融危机的影响，墨西哥的贫困问题越来越成为政府所关注的重大社会问题。据联合国拉美经委会2000年的报告显示，墨西哥贫困人口占总人口的比重在1998年为38%。世界银行1999年的报告指出，在墨西哥9600万人口中，贫

---

① David A. Shirk, *The Drug War in Mexico: Confronting a Shared Threat*, the Council on Foreign Relations, 2011, p. 7.
② Ibid., p. 8.

困人口（日收入低于 2 美元）至少占 40%，相当于 3840 万，赤贫人口（日收入低于 1 美元）占 14.9%，相当于 1430 万。[①] 自 20 世纪 80 年代以来，虽然每届政府都出台减贫的政策，但总的来说收效有限，当今墨西哥的贫困问题主要体现在以下几方面：

第一，农村贫困加剧。自加入北美自由贸易区以后，墨西哥农业遭到巨大打击，曾有的竞争优势已不复存在。2008 年又推出全面自由化政策，解除了农产品关税，使得传统上依靠农产品出口的墨西哥农业更是雪上加霜。20 世纪 80 年代，墨西哥 40% 的外汇收入依赖农产品出口，但是现在 50% 以上的粮食需要进口。农业比较优势的丧失致使墨西哥大量小农破产，农村贫困问题加剧。[②]

第二，过度城市化恶化了城市贫困问题。农业经济的不景气逼迫大量农民转而向城市进军，形成规模庞大的城市贫困群体。2008 年，墨西哥的城市化率已达惊人的 77.2%，而与之相对的工业化率仅有 37.1%。这意味着墨西哥在未能建立较为完善的工业体系的前提下，过快地实现了向城市化的过渡。农业经济的凋敝加上工业经济的不成熟，政府很难在短期内向涌入城市的农民提供足够的就业岗位。据墨西哥农村社会发展部的官员透露，每年进入劳动力市场的青年人数约有 100 万，政府能够提供的就业岗位却只有 25 万个。[③] 这一方面造成严重的失业问题，另一方面也为非正规经济的发展起了推波助澜的作用。

[①] 徐世澄著：《墨西哥政治经济改革及模式转换》，世界知识出版社 2004 年版，第 220—221 页。

[②] 丁声俊编：《反饥饿、反贫困、全球进行时》，中国农业出版社 2012 年版，第 104—105 页。

[③] 张才国著：《新自由主义意识形态》，中央编译出版社 2007 年版，第 99 页。

聚集在中心城市的失业大军和贫困人群形成了绵延数十公里的巨型贫民窟。政府受限于公共开支的规模，根本无力向贫民窟提供诸如饮用水和用电等基础设施，客观上限制了普通民众享受公共产品的权利。另外，对于身居贫民窟的儿童来说，良好的医疗条件和教育机会是难以获得的。据统计，在100个适龄入学的贫民窟儿童中，只有40人能上初中，20人能升入高中，仅1人能进入大学学习。受教育权的丧失意味着，在这些人群中，贫困将形成代际性固化。

近年来，贫困问题在墨西哥有愈发严重的发展趋势。根据墨西哥国家评估委员会2011年的报告显示，2008—2010年，居民家庭尤其是城市居民的实际收入不断下降，全国的贫困人口增长了420万。据拉美经委会2011年的报告显示，在所有拉美国家中，墨西哥和洪都拉斯的贫困人口增长最多，在2008—2010年的3年间，贫困人口分别增长了1.7%和1.5%。其中仅2010年，墨西哥的贫困人口就增长了320万，占其人口总数的36.6%，高出拉美地区31.4%的平均比例。在这一年中，墨西哥绝对贫困人口占人口总数的13.3%，高出拉美地区平均水平1个百分点。①

（二）政党结构的变化

1. 政党的分权化趋势

国家行动党2000年上台执政标志着墨西哥正式进入政党轮替的

---

① 丁声俊编：《反饥饿、反贫困、全球进行时》，中国农业出版社2012年版，第107页。

政治发展阶段，执政党受到反对党更大程度的掣肘。虽然国家行动党成为执政党，但它在墨西哥参众两院并不占据多数席位。在众议院500个席位中，国家行动党占207席，低于革命制度党的211席。在参议院128个席位中，国家行动党占46席，同样低于革命制度党的59席。2003年的中期选举结果表明国家行动党在众议院所占席位又一次减少，这使得墨西哥新任总统福克斯在行使权力，特别是行政权时受到掣肘。这种被削弱的执政基础注定了福克斯要想通过提案，不但要获得国家行动党的支持，还必须得到部分革命制度党和民主革命党议员的支持。从政党间权力分配的角度来说，执政党无法轻易实现自己的政治意志，其权力空间被其他两大党派极大地压缩。

从央地关系的层面来说，革命制度党虽然在2000年和2006年两次总统大选中落败，却依然控制着比国家行动党更多的州，尤其是在2006年之后，其控制的州的数量呈上升趋势。中央和地方所属党派的异质化决定了中央政府难以将执政意志强加于地方政府，地方政府依然沿着始于20世纪80年代的分权道路前行。

2. 执政党面临的社会难题

2000年大选前，福克斯是带着对墨西哥人民的许诺参加总统竞选的，他的许诺包括财政改革、劳工改革和能源改革三方面。但是由于总统所属政党——国家行动党一直未能在参众两院占据大多数席位，福克斯关于这三方面的改革方案均未能通过。因为在墨西哥，劳工改革和能源改革关系到国家的经济基础和社会稳定，属于国家的重大改革，必须通过修改宪法才能实现。而要修改宪法，又必须得到议会 2/3 的同意。所以，若总统提交的议案无法得到议会 2/3 的同意，他原先许诺的任何改革方案都难以得到顺利实施。这直接造成福克斯执政 6 年间低效率的尴尬处境。① 2006 年，卡尔德龙上台后，虽然国家行动党成为墨西哥第一大党，但仍然在参众两院不能占有一半以上议席。通过与革命制度党结成非正式联盟以及努力协调与民主革命党的关系，卡尔德龙的一些改革方案得以通过。但总体来说，就实现自己乃至本党的政治主张而言，卡尔德龙面临着与福克斯当政时期的同样问题。

2000—2012 年，在国家行动党执政的 12 年中，诸如毒品、贫困、腐败等社会问题层出不穷，极大地损害了执政党的民意基础。许多墨西哥民众认为在国家行动党执政的 12 年里国家实际上在走下坡路。②

如前文所述，在这 12 年里，特别是自卡尔德龙执政以来，毒品问题愈发严重。贩毒集团控制了很多北部的省份和城市，当地政府如果不顾及这些集团的利益，根本无法正常运转。而卡尔德龙对待毒品问题的军事化处理方式带来了很多副作用，使社会危机不断升级。在解决贫困问题方面，执政党的政绩也是乏善可陈。至今仍有近 50% 的墨西哥人生活在贫困线以下，很多人的工作都是临时性的，缺乏稳定的收入保障。许多年轻人因无法正常就业而从事盗窃、贩毒、抢劫等犯罪活动，恶化了墨西哥的治安形势。

---

① 徐世澄著：《墨西哥政治经济改革及模式转换》，世界知识出版社 2004 年版，第 146 页。
② 高新军："墨西哥革命制度党艰难转型的经验与教训"，《当代世界》2014 年第 4 期，第 55 页。

腐败问题在这12年里也未能得到有效解决。墨西哥民众本寄望于通过政治民主化的进程，如政党轮替、政党监督来遏制腐败，但结果证明这种希望与现实相去甚远。仅2007年，墨西哥的腐败行为就高达惊人的1.97亿次。当年有41.5%的民众认为墨西哥的腐败现象较以往更甚。据墨西哥报刊报道，2010年至少有20%的议员与各类腐败案件有牵连。在同时面对毒品暴力犯罪与腐败两大社会恶疾时，墨西哥民众只得"两害相权取其轻"，选择那些腐败但有能力治理毒品犯罪问题的政治家。①

3. 政党结构的调整

各类社会问题仍然是墨西哥的难题。在执政党感到一筹莫展时，身为在野党的革命制度党却并未停止改革自身的进程。自2000年以来，该党召开了三次重要的会议，标志着其指导原则和行动纲领一步一步适应新形势。在2000年和2006年选举失利后，革命制度党分别召开了十八大和第四次非常全国代表大会，在总结失败教训的基础上修改党章、原则声明和党内道德准则，从而加强了该党的凝聚力，避免了党内分裂的危险。2008年召开的二十大对于革命制度党具有里程碑意义。在这次会议上，革命制度党被定性为民主社会党，标志着自2000年以来的改革任务已经基本完成。②

国家行动党在执政的12年里并未换得墨西哥民众所期望的执政效果。人们普遍对这种与民主政治相关的社会乱象感到不安，对一

---

① 高新军："墨西哥革命制度党艰难转型的经验与教训"，《当代世界》2014年第4期，第55页。
② 靳呈伟："墨西哥革命制度党重新执政的初步思考"，《重庆社会主义学院学报》2013年第2期，第80—84页。

些相关的民主机构不再秉持原有的信任。据相关机构的调查显示，2010年仅有44%的墨西哥人对联邦选举法院抱有信任的态度。2005—2010年，墨西哥支持民主的民众比例不断下降，民众对民主的支持率较低，更有甚者认为有效的专制政权优于无能的民主制度。① 人们也在思考应该选择一个什么样的政党来治理国家。在经济发展和社会进步还没有打下良好基础的前提下，一味地强调政治民主化似乎并不利于整个社会的平衡发展。"政党轮替制度对于像墨西哥这样的发展中国家，似乎还是一种政治上的奢侈品。墨西哥还需要不断创造使这一制度产生积极效果的各种条件。"② 民众对国家行动党的不满客观上唤起了对革命制度党执政时期的记忆。从2006年后，革命制度党不断在议会、州和地方选举中获得胜利。2007年，在墨西哥14个州举行的选举中，该党在其中10个州获胜，在当年的地方选举中也获得了42%的选票。在2009年举行的12个州的选举中，革命制度党获得了其中9个州的胜利。同年，其在众议院总共500个议席中赢得了260席，再次成为议会第一大党。2011年，革命制度党又在墨西哥州轻松胜出。③ 在一系列选举中获胜为革命制度党积累了民意基础，为获得2012年总统大选提供了良好的条件。

从2000年革命制度党下台到2012年该党再次上台执政，在这12年中，墨西哥继续沿着20世纪80年代分权化道路改革前进，同时层出不穷的社会问题又不断引发人们对政治民主化和国家可治理

---

① 高新军：" 墨西哥革命制度党艰难转型的经验与教训"，《当代世界》2014年第4期，第57页。
② 同上。
③ 靳呈伟：" 墨西哥革命制度党重新执政的初步思考"，《重庆社会主义学院学报》2013年第2期，第80—84页。

性之间关系的思考。选择"民主还是专制"这个问题固然重要，但对当时处于发展阶段的墨西哥民众来说，选择"良政还是劣政"才是他们所关心的问题，这关系到他们每个人的切身利益。在墨西哥，"政治民主"之花并不一定结出"政治优良"之果，人们需要找到的是政治民主化与可治理性之间的平衡点。

◆ 小　结 ◆

始于20世纪80年代初的债务危机充分暴露了墨西哥高度集权政治体制的弱点，自此到2000年，墨西哥开始了全面放权到地方政府的进程。政治上，以总统为代表的执政党权力得到限制，联邦制得到加强；经济上，中央政府在下放事权的同时却收紧了财权，只好依靠转移支付来平衡地方政府的财政收支状况；从社会层面来说，以基础教育为例，墨西哥地方政府的自主性有所增强。

2000年革命制度党在总统选举中落败，意味着墨西哥进入政党轮替的时代，也标志着该国的政党政治更加成熟。2000—2012年，墨西哥央地关系处于动态调整的阶段。从政治、经济、社会三个维度来观察墨西哥的央地关系，可以发现其并非沿着单线发展，具体表现在：政治上，总统影响力下降，州长权力得到提升，同时司法部门权力得到增强，总体上仍保持着分权的趋势；经济上，财政权的调整呈现较为稳定的趋势；从社会层面看，受到毒品暴力犯罪和贫富分化等问题的困扰，中央政府不得不加强权威以便进行统一部署，所以在社会领域体现了中央对权力的收紧。

第四章 墨西哥央地关系变化的动因机制

从前文分析可以看出，自 1917 年宪法颁布以来直到 2012 年，墨西哥的央地关系大体上经历了四个阶段：

1917—1934 年：央地关系从混乱到稳定时期。经过 20 世纪初的革命，1917 年颁布的宪法并未一劳永逸地让墨西哥形成成熟稳定的政治局面，国内各阶级特别是下层民众心中充斥着不满情绪。这种情绪在政坛上得到反映，墨西哥当时小党林立、考迪罗主义死灰复燃，一系列的政治暗杀更使整个国家笼罩在政局动荡的阴影之中。1929 年国民革命党（革命制度党的前身）的成立，为驱散这种阴影，实现政治生活制度化奠定了关键性一步。之后几年，随着国民革命党的逐渐壮大，墨西哥政局从整体上走上稳定发展的道路。

1934—1982 年：央地关系从稳定到集权时期。1934 年卡德纳斯就任总统，实行了一系列政治、经济和社会改革。在其改革措施中，对央地关系影响最大的当属按照职团主义将国民革命党改造成包括农民部、工人部、人民部和军人部的官方党。凭借从中央到基层的垂直组织系统，中央的意志很容易传达到地方。之后的历任总统又接连推行了旨在强化中央权力的改革方案。在中央政府不断得到强化的同时，墨西哥还形成了"超级总统制"：总统掌握国家最高权力，并且拥有对总统继承者的任命权，成为中央集权的典型代表。

1982—2000年：央地关系的松动与分权时期。早在20世纪70年代墨西哥的集权型政治结构就出现了一些松动的迹象，1982年的经济危机加速了墨西哥分权改革的进程。在权力下放的序列中，政治权先于财政权下放到地方政府，决定了墨西哥的分权改革是较为彻底的。通过限制总统权力、限制执政党权力和加强联邦制，墨西哥基本上完成了政治上的分权；通过不断调整地方政府的财权和事权，到20世纪90年代末，墨西哥基本上形成了财政上的分权。以基础教育改革为代表的社会权力也沿着分权的道路发展。

2000—2012年：央地关系的动态调整时期。进入21世纪，墨西哥央地关系并非沿着"集权"或"分权"单线行进，而是在众多社会问题的挑战下，本来全面下放的权力得以在一定程度上收归中央。需要注意的是，这种权力的回收是在民主化进程的大背景下实行的，并不能从根本上扭转民主化的主流。

纵观这四个阶段，墨西哥的央地关系经历了"混乱—成形—集权—分权—动态调整"的发展轨迹。简言之，墨西哥的央地关系呈现出"集权—分权—有限集权"的钟摆效应。这种钟摆效应有两个特点：第一，摆锤（即央地关系）在集权与分权两种权力分配模式之间来回摆动；第二，摆幅（即央地关系的变化程度）随着时间发展呈现出逐渐减小的趋势。具体来说，20世纪20年代末30年代初墨西哥由混乱的割据状态逐步走向政党政治，这种变化是具有根本意义的政治转型。1982年墨西哥在遭受债务危机之后由中央高度集权向地方下放权力，虽然分权的速度和力度空前，但仍属于政党政治框架内的政治转型。2000年之后由于各种社会问题不断出现，墨西哥又开始了收回权力的尝试，不过这种权力的集中是有限的。这也标志着墨西哥的政权体制逐渐成熟化与稳定化。

要找出这种"钟摆效应"的原因，且深刻地理解央地关系的变化模式和变化趋势，就需要考察央地关系变化背后的动因，并对这些动因做机制性分析。

第一节 基于动因机制的央地关系变化分析

一、央地关系变化的核心动因

墨西哥央地关系从1917年到2012年将近100年的时间里大致经历了三次变化：20世纪20年代末从混乱到稳定，继而走向集权；80年代初从集权逐渐走向分权；21世纪以来由分权过渡到动态调整。

在央地关系发生第一次重大变化的20世纪20年代末，墨西哥一方面面临着严重的政治危机，诸如考迪罗割据、政治暗杀等政治乱象使国家处于动荡的危险之中；另一方面国内还没有形成成熟的政党政治，政治生活远未实现制度化。正是当时的各种危机特别是政治危机，迫使墨西哥政治领导人思考如何结束混乱的局面，提高政局稳定度。于是，1929年成立了具有里程碑意义的国民革命党，引导国家走上政党政治的道路，并最终集大权于一身，实现了几十年政治稳定的局面。

在央地关系发生第二次重大变化的20世纪80年代初，墨西哥受到内忧外患的困扰。内忧是指墨西哥政党政治长期由革命制度党霸占,与现代民主政治的要求相去甚远。经过几十年的集权统治,墨西哥政坛完全成为"一党独大"的舞台,其政党结构内生性的缺陷逐渐暴露出来,明显不符合经济社会发展的要求。外患特指1982年席卷整个拉美地区的经济危机。这场危机始于墨西哥,充分说明以往发展模式和政治体制存在弊端。在经济危机的困境中,墨西哥大刀阔斧地改革政治体制,全面下放权力到地方政府。在整个过程中,执政党主观上维持统治地位的目的客观上促成了央地分权的效果。

在央地关系发生第三次变化的21世纪头10年里,在困扰墨西哥的各类危机中,社会危机成为统治阶层亟待解决的问题。特别是在卡尔德龙当政的6年中,各类社会问题尤其是毒品暴力犯罪成为统治者面对的首要问题。"墨西哥的社会问题,如犯罪、暴力和刑事司法效力的缺失已经掩盖了政治民主和经济发展所产生的正向效应。"[1] 与此同时,墨西哥的政党政治已过渡到多党政治,多党竞争的局面在这段时期已经形成。墨西哥诸多社会问题的泛滥同这种多党政治的形成不无关系。为了在全国范围内有效地治理社会问题,具有集权经历的革命制度党通过党内改革重新获得了民众的信任,其在2012年大选中脱颖而出也可看做墨西哥政坛上一次有限的权力回收。

总之,在墨西哥央地关系发生重大变化的三次经历中,可以发现有两大因素起着至关重要的作用:一是现实危机,在不同阶段分

---

[1] David A. Shirk, *The Drug War in Mexico: Confronting a Shared Threat*, the Council on Foreign Relations, 2011, p. 8.

别表现为政治危机、经济危机和社会危机；二是政党结构，在不同时期分别体现为政党羸弱、政党集权、政党分化。可以说每一次危机都暴露了政党结构的某种弊端，迫使统治者进行政治改革以消解危机的冲击力。所以，墨西哥央地关系的变化背后有两大核心动因：现实危机和政党结构（参见图4—1）。

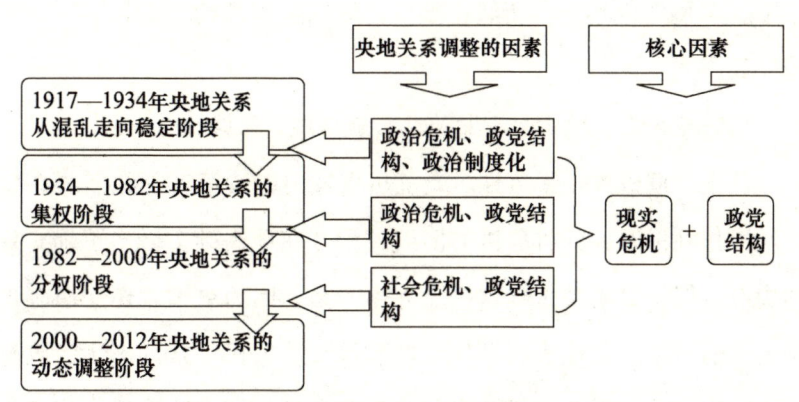

图4—1 墨西哥央地关系变化及核心因素

（一）现实危机

1. 关于危机

危机，源自希腊语（Krisis），古希腊名医希波克拉底曾用此指代针对疾病做出判断的关键时刻。现在这个词的内涵得到很大拓展，已应用到个人、集体，甚至文化领域。[①] 在研究危机的先驱型学者蒂莫西·L. 塞尔瑙（Timothy L. Sellnow）和马修·W. 西格（Matthew W. Seeger）看来，危机意味着"一种剧烈的、始料未及的威胁，（这

---

① Timothy L. Sellnow and Matthew W. Seeger, *Theorizing Crisis Communication*, Malden: John Wiley & Sons, Ltd., 2013, p. 4.

种威胁）具有广泛和全面的破坏力"。[1] 此外，危机要求有关部门、群体或个人采取及时行动将危害控制在最小范围内。除去不可预测的自然灾害可以导致危机外，大部分的危机都是人为造成的。人们不能在事态恶化前做出相应的反应往往导致危机的产生。[2]

导致危机的原因纷繁复杂，但大体可以总结为以下三类：第一，正常故障和复杂的互动使然；第二，对危险判断的失误；第三，预警失效。[3]

从特点来看，危机具有紧迫性、破坏性、激励性。

首先，危机具有紧迫性。当危机爆发时，决策者往往需要在短时间里找到根源，分析危机的演进过程并在此基础上做出正确有效的决定。但是要成功做到这一点并不容易，因为决策者还受诸多现实因素的牵制，如危机的破坏广度和深度、人民大众的态度、政权体制的稳定性、利益集团的意愿等等。危机的突发性使得决策者很难通过常规途径来应对，一般会给决策者带来巨大的决策障碍。[4] 因此，决策者在做出重大判断之前都会感受到巨大的心理压力。

其次，危机具有破坏性。危机意味着对先前存在的稳定状态造成威胁和破坏。破坏的对象包括人类社会和自然环境。破坏的领域包括具体的物质财产、人身安全、社会的基本结构和意识形态等等。

---

[1] Timothy L. Sellnow and Matthew W. Seeger, *Theorizing Crisis Communication*, Malden: John Wiley & Sons, Ltd., 2013, p.5.

[2] Ian I. Mitroff, *Why Some Companies Emerge Stronger and Better from a Crisis: 7 Essential Lessons for Surviving Disaster*, New York: American Management Association, 2005, p.36.

[3] Matthew W. Seeger, Timothy L. Sellnow, and Robert R. Ulmer, *Communication and Organizational Crisis*, Westport, CT: Praeger, 2003, p.12.

[4] David A. Welch, Crisis Decision Making Reconsidered, *Journal of Conflict Resolution*, 1989, 33 (3): 430 – 445.

危机能够造成民生损害、经济损失和政治的不稳定性，引发民众对政府的不信任；危机可能导致社会的混乱，为社会公众增添恐惧和不安全感。

第三，危机具有激励性。从字面上看，危机同时包含了"危险"和"机遇"两种互为矛盾的内容。危机在产生巨大破坏力的同时也意味着提供了建立新秩序的机会，其自身孕育了向相反方向转化的可能性。以政治结构为例，危机的出现往往会使原有政治结构中存在的缺陷和弊端进一步恶化，并加快其暴露的进程。决策者此时若能凭借有效信息做出正确决策，并以此为契机改革原有政治机构中不合理的部分，政治肌体在经历阵痛之后将逐步恢复活力，展现出新的生命力，增强对将来危机的抵御能力。从决策理论的角度来看，危机的负面效应往往起主要作用，但是从体系互动的角度来看，危机确实包含着潜在的发展和更新的机会。[1] 正如诺曼·奥古斯丁（Norman R. Augustine）所说，危机既意味着非常艰难的现实处境，但同时也预示着希望和解决的途径。[2]

根据不同的标准，危机可分为不同类型。根据诱发原因，危机可分为自然危机和人为危机。前者主要包括各种自然灾害，后者又可分为技术性危机和政治危机。根据影响范围，危机可划分为全球性危机、国际危机、国家危机、地区危机等。根据发生的领域，危机可分为政治危机（包括政治动荡、选举纠纷、政变、政治暗杀

---

[1] 王美权主编：《美国战争动员与危机管理》，国防大学出版社2007年版，第460页。
[2] ［美］诺曼·R. 奥古斯丁等著，北京新华信商业风险管理有限责任公司译：《危机管理》，中国人民大学出版社2001年版，第33页。

等)、经济危机(包括金融危机、债务危机等)和社会危机(包括毒品、犯罪、贫困等)。本书主要以发生领域来对危机做出类别上的划分。

2. 墨西哥的政治、经济和社会危机

对一个国家而言,如何合理地动员国家和社会的力量,依照一定的机制来应对突发危机,不仅是政府作为公共事务的管理者的一种必要责任,也从另一个更加宽广的角度反映着该国的动员能力。[①]在不同类型的危机发生之后,墨西哥政府和人民也面临着如何尽早采取措施控制危机的破坏力度和波及范围等问题。

政治危机:从1917年到20世纪20年代末,墨西哥在这十几年中仍然面临着严重的政治失序问题,考迪罗割据使全国政局看起来犹如一盘散沙,最高领导人接二连三被暗杀使国家处于动荡的危险之中。当时,墨西哥还远未形成成熟的政党政治,政治制度化水平极低。解决这一系列政治危机,提高政局稳定程度成为当时墨西哥政治领导人的当务之急。

经济危机:20世纪80年代初,一场始于墨西哥的债务危机愈演愈烈,最终席卷了整个拉美地区。此次危机对墨西哥的经济打击巨大。在发生危机之后的5年时间里,墨西哥经济一直处于停滞状态,其间人均GDP下降了15%,主要资本货物的投资在5年中下降了16%。[②]一波未平一波又起,1994年墨西哥爆发了比索危机。当年

[①] 龙太江:"从'对社会动员'到'由社会动员'——危机管理中的动员问题",《政治与法律》2005年第2期。

[②] 裴长洪著:《发展中经济的外资利用》,中国工人出版社1996年版,第174页。

12月塞迪略总统宣布比索兑美元贬值14%，引发人们大量抛售比索以及墨西哥股票和债券。1995年1月，比索兑美元的价值下跌40%，墨西哥政府不得不宣布比索实行自由浮动。这次危机迅速波及整个拉美地区乃至亚洲市场。① 这场金融危机被认为是新兴国家在"新兴市场时代"爆发的第一次金融危机。②

社会危机：21世纪头10年，各种社会问题层出不穷，毒品、暴力犯罪、贫困等严重消解了民众对执政党和现行政治形态的信心。这种社会危机已经威胁到来之不易的民主化成果和统治者的执政基础，成为墨西哥国内必须面对和解决的首要问题。

（二）政党结构

1. 关于政党结构

当今世界政治发展的一个显著特点是绝大多数国家都实行政党政治。现代意义上的政府也是一种政党政府。作为核心元素，在现代化的政治生态中，政党的作用功不可没。政党是人类社会发展到近现代的历史产物，是人类文明进步的阶段性成果。在现代社会中，政党已成为各国政治舞台上最活跃的角色。现代意义上的政党最早诞生于英国。18世纪英国政治家埃德蒙·柏克（Edmund Burke）认为政党是由致力于实现国家利益的人们形成的共同体，该共同体具有人们所共同接受的特殊原则。③ 根据《国际社会科学百科全书》

---

① ［美］尤恩、雷斯尼克著，沈维华等译：《国际财务管理》，机械工业出版社2013年版，第43页。
② 段育文著：《热钱阴谋》，重庆出版社2012年版，第39页。
③ ［意］萨托利著，王明进译：《政党与政党体制》，商务印书馆2006年版，第22页。

的解释，政党是具有相同价值体系，围绕特殊利益，以获取政府权力为目标的组织。在很多时候，政党也由具有不同利益诉求的群体联合组成。从功能上说，政党能够参加竞选、推举候选人、吸引选票、募集资金、表达政治立场、协调政治决策、筹划运动方案以及提升对党的忠诚度等。①

从特点上来看，政党具有阶级性、工具性和治理合法性。

首先，政党具有阶级性。恩格斯在《关于共产主义者同盟的历史》一文中指出："这些经济事实形成了现代阶级对立产生的基础：这些阶级对立，在它们因大工业而得到充分发展的国家里，因而特别是在英国，又是政党形成的基础、党派斗争的基础。"② 在恩格斯看来，阶级来自于经济活动中具有不同利益的人分化组合而成的群体，该群体以斗争的方式争取本阶级的利益，在这样的过程中产生了政党。

其次，政党具有工具性。政党的工具性主要体现在选举活动中。这除了指党内选举之外，更为重要的是通过政党间选举竞争获得执政地位。在政治学专家萨托利（Giovanni Sartori）看来，"政党是被官方认定在选举中提出候选人，并能够通过选举把候选人安置到公共职位上的政治集团"。③ 罗杰·希尔斯曼（Roger Hilsman）对政党的工具性有更清楚的认识："与其说政党是一种权力工具或获得权力

---

① William A. Darity Jr., *International Encyclopedia of the Social Sciences*, 2nd edition, Vol. 6, New York: The Gale Group, 2008, p. 306.

② 恩格斯："关于共产主义者同盟的历史"，《马克思恩格斯选集》第4卷，人民出版社1995年版，第192页。

③ Giovanni Sartori, *Parties and Party Systems: A Framework for Analysis*, Colchester: ECPR, 2005, p. 56.

的组织，不如说它是争取民众支持的舞台或通向选举担任公职的台阶。"① 由此可见，政党是特定利益群体赢得大选，获得执政地位不可缺少的"工具"。

第三，政党具有治理合法性。政党是谋求行使权力而组织起来的特殊组织，是"寻求使用合法的手段去追求其目标的组织"。② 一般认为，一个政党若要得到公共权力，它只能通过公民的授权。所以，在竞选中，政党追求通过获得民众的认同而走上执政道路；在执政时，政党也要通过扩大执政基础不断加强自己的合法性。从民众参政的功能角度分析，政党实质上是民众参政的工具，是沟通政府与民众的主要桥梁，并且是人民掌控政府手段的延伸。③

从类别上看，目前在政治生活中发挥作用的政党主要可分为马克思主义政党、民族主义政党、民主社会主义政党、基督教民主党、保守党、自由党以及其他政党。

政党结构又称政党体系（party systems），属于一国政治体系的范畴，它是政府通过政党政治进行国家治理的方式，也是该国人民表达不同诉求的渠道。④ 基于政党数量的原则，可以将政党结构划分为一党结构、两党结构和多党结构。一党结构除了意味着一国仅存在一个合法政党之外，更可能的情况是一国长时期由单一政党执政，

---

① [美] 希尔斯曼著，曹大鹏译：《美国是如何治理的》，商务印书馆1986年版，第359页。

② Alan Ware, *Political Parties and Party systems*, Oxford: Oxford University Press, 1996, p. 2.

③ 王长江著：《现代政党执政规律研究》，上海人民出版社2002年版，第30—44页。

④ Giovanni Sartori, *Parties and Party Systems: A Frame Work for Analysis*, Colchester: the ECPR Press, 2005, pp. 20–25.

其他政党或因历史原因或因指导思想不能建立足够强大的民众基础而不具备竞争力，即俗称的"一党居优"，如20世纪垄断墨西哥政坛的革命制度党。相较一党结构而言，两党结构和多党结构更具竞争性。在这两种政党结构中，至少有两党能够公平参加竞争，角逐执政地位，党派之间的民众基础不会相差过大。因此，从执政主体的角度来看，两党结构和多党结构的一个显著特征就是获得执政权力的政党轮替。[1] 作为影响一国政治生活的核心要素，政党体系本身也处于不断发展和变化的过程之中，其影响因素包括：(1) 政党数量及其相对实力；(2) 各政党所推崇的指导思想，特别是这些思想的差异程度；(3) 各政党能够获得的民众基础；(4) 各政党所体现出的社会诉求分野。[2]

　　政党在国家政治生活中扮演着关键性角色，同理，一国的政党结构也对国家政治发展的方向和进程起着决定性作用。早在1964年，威廉·H. 瑞克（William H. Riker）在其著作《联邦制：起源、作用和意义》中就提及了"政党制度决定论"。他以美国联邦制为案例，通过研究发现，在美国，能够有效规避总统利用意识形态或组织化工具控制由本党成员出任州长的并不是总统、参议院和联邦最高法院间的权力制衡，而是带有分权性质的两党制结构。换句话说，政党结构是确保美国分权体系的决定性因素，成为各州防止联

---

[1] William A. Darity Jr., *International Encyclopedia of the Social Sciences*, 2nd edition, Vol. 6, New York: The Gale Group, 2008, pp. 161 – 162.

[2] Moshe Maor, *Political Parties & Party Systems: Comparative Approaches & the British Experience*, London: Routledge, 1997, p. 28.

邦政府插手本州事务的有力保障。① 在瑞克之后，不断有学者补充完善其"政党制度决定论"。安东尼·J. 贝利亚（Anthony J. Bellia）在其著述中态度鲜明地主张，真正形成美国联邦制政治保障的是具有分权特色的政党制度。正是这种制度使全国官员更加依靠地方党组织。② 克里斯托弗·加曼（Christopher Garman）、斯蒂芬·哈格德（Stephan Haggard）和伊莱扎·威利斯（Eliza Willis）等人在分析拉美五国（阿根廷、巴西、哥伦比亚、墨西哥和委内瑞拉）之后，进一步发展了瑞克的理论：就一国的政党集权程度和财政结构间关系而言，如果政党具有高度集权性质，就意味着该国政党的国家领导层控制着地区领导人的人事任免权，那么该国的财政结构相应地就会倾向于集权化。反之，如果政党的国家领导层不具有对地方官员的人事任免权，该国的财政结构就会表现出分权的色彩。实质上，加曼等人将政党的集权程度凌驾于财政的集权程度之上，表明了一国政党结构在国家政治、经济事务中的中心地位。③

2. 墨西哥政党结构的调整

20世纪20—30年代以来，墨西哥的政党结构经历了数次大的调整：

20世纪20—30年代政党结构经历了从"结构涣散"到"一党集权"的转变。在20世纪初的20多年中，墨西哥已拥有不少政党，

---

① William H. Riker, *Federalism: Origin, Operation and Significance*, Boston and Toronto: Little Brown and Company, 1964.
② Anthony J. Bellia Jr., *Federalism* Boston: Wolters Kluwer, 2011, p. 237.
③ Christopher Garman, Stephan Haggard and Eliza Willis, "Fiscal Decentralization: A Political Theory with Latin American Cases", *World Politics*, 2001, 53 (2): 205 – 236.

有些政党还具有全国的性质,如墨西哥劳动党(PLM)。但当时的墨西哥政治还不能被称为政党政治,其中一个重要原因就是政党并没有成为政治生活的关键角色,也没有成为国家政权交接的制度化平台。在资产阶级民主革命之后,活跃在政治舞台上的人们还不能被称做政治精英,而只是带有独裁性质的考迪罗军人们。每逢大选临近,地方军事割据势力就会为争夺总统候选人展开武力争斗。所以,1917年宪法所描绘的宪政仅仅具有形式上的意义。墨西哥大大小小的政党、各行各业的工会、农会和形形色色的群众团体根本就不能在国家层面形成有效的政治机制。另外,独裁者奥夫雷贡和卡列斯在"依宪执政"的时候体现出高度的灵活性:他们在具体的操作层面制造了大量的灰色领域,以便更好地服务于自己的利益;而对于那些本就符合其利益的宪法法律条款,则坚决执行。卡列斯当政期间,通过与墨西哥西南省份的社会主义政党和墨西哥劳动党结盟来扩大其执政基础。这段经历使他认识到,在革命后的时代里,政党对于国家治理的重要性。[1] 1928年,奥夫雷贡在当选总统后遇刺引发了墨西哥全国性的政治危机,也成为卡列斯建立强有力的全国性政党的直接原因。虽然对权力仍有眷恋,但他意识到权力必须通过制度化的渠道加以实施。于是,他从台前退到幕后,企图在制度化的政治体制下通过幕后操纵来达到自己的政治目的。所以,1929—1934年间,国民革命党在制度设计上仍存在不完善的地方。首先,总统只在名义上是国家最高领导人,实权仍在卡列斯手中;其次,

---

[1] Sarah Osten, *Peace by Institution*: *The Rise of Political Parties and the Making of the Modern Mexican State*, *1920–1928*, dissertation of the University of Chicago, 2010, p. 445.

新建立的国民革命党并不欢迎工农群众参政，实际上从制度化层面封闭了其参与政治的渠道，同时也堵塞了不断高涨的工农运动的压力的释放通道。这种局面在1934年卡德纳斯任总统后通过职团主义改革得到了解决。①

经过20世纪30—40年代至70年代的发展，墨西哥政党结构呈现出明显"一党独大"的色彩。革命制度党长期把持着政权，其他党派鲜有公平竞争的机会。这样的政党结构也催生了"超级总统制"，总统除拥有宪法规定的权力外，在实际的政治生活中还可行使修宪权、绝对否决权和干预司法权等超宪法权力。②

在1982年和1994年两次经济危机的冲击下，墨西哥的政党结构逐渐从"一党独大"过渡到"政党分化"。

1982年的债务危机促使墨西哥改革发展模式，由进口替代工业化的内向式发展转向出口导向型发展。新的发展模式推动了现行政党结构的调整。其一，执政党改变执政思路导致其群众基础被严重削弱。由革命制度党控制的工会影响力愈发减小，脱离革命制度党控制的工会组织不断增多，官方的工会组织结构越发涣散。同时，在进行新自由主义改革过程中，萨利纳斯和塞迪略总统停止土地改革，村社土地占有关系实行自由化，农民的不满情绪有所上升。再则，在两次经济危机的打击下，墨西哥中产阶级的处境不断恶化，使得官方党控制的中产阶级组织名存实亡。③ 其二，20世纪80年

---

① 李金河主编：《当代世界政党制度》，中央编译出版社2011年版，第217页。
② 夏立安："墨西哥总统制剖析"，《拉丁美洲研究》1999年第4期，第20—23页。
③ 徐世澄著：《墨西哥革命制度党的兴衰》，世界知识出版社2009年版，第82—84页。

代，面临突如其来的债务危机，革命制度党内部的意见并不统一，对国际金融组织开出的"药方"未达成一致意见，这种对立的态度逐渐演变成派系斗争。1986年卡德纳斯为表达对现有政策的不满，号召党内激进派人士组成民主潮流派。第二年，民主潮流派的领袖均被开除出党。于是，卡德纳斯联合其他14个反对派组织组成全国民主阵线并参加1988年的大选。1989年，具有鲜明左派色彩的民主革命党宣告成立，这标志着墨西哥的政党结构开始走向多元化。其三，在革命制度党力量不断被削弱的同时，反对党日益得到壮大。在革命制度党执政时期，墨西哥最有名的反对党当属1939年成立的国家行动党。80年代该党力量明显增强，不断在州一级和市一级的选举中获胜。

革命制度党党内分化加上反对党力量不断增强构成了墨西哥政党结构的新局面，权力由一党完全控制转而由三个主要政党共同分享，政党结构的多元化色彩进一步明朗化。

2000—2012年，尽管墨西哥政党结构的变化主要体现为从"政党分化"转变为"三党鼎立"，但三个主要政党的实力并不完全均衡。

表4—1 2000年总统选举结果统计表

政党或选举联盟	候选人	所得票数	占总票数的比例
变革联盟	福克斯	15988740	42.52%
革命制度党	拉瓦斯蒂达	13576385	36.10%
墨西哥联盟	卡德纳斯	6259048	16.64%
社会民主全国政党	林孔	592075	1.57%
民主中心党	卡马乔	208261	0.55%
墨西哥真正革命党		157119	0.42%
其他	非正式候选人	32457	0.09%

续表

政党或选举联盟	候选人	所得票数	占总票数的比例
废票		789838	2.10%
总计		37603923	100%

资料来源：徐世澄著：《墨西哥革命制度党的兴衰》，世界知识出版社2009年版，第119页。

表4—2　2000年各党在参众两院所占席位表

政党	在参议院的席位	在众议院的席位
变革联盟	51	223
国家行动党	46	207
墨西哥绿色生态党	5	16
革命制度党	60	211
墨西哥联盟	17	66
民主革命党	15	51
劳工党	1	7
民主汇合（党）	1	3
社会联盟党		2
民族主义社会党		3
总计	128	500

资料来源：徐世澄著：《墨西哥革命制度党的兴衰》，世界知识出版社2009年版，第120页。

在2000年选举中，以国家行动党为首的变革联盟得票率为42.52%，革命制度党为36.1%，以民主革命党为首的墨西哥联盟为16.64%。从数据可以看出，获胜的变革联盟并没有明显的优势。如果从各党在参众两院所占席位数量来看，三个党派之间的差距显得更小，变革联盟占274席，革命制度党占271席，墨西哥联盟占83

席。可以说，自 2000 年开始，墨西哥政党结构出现了"三党鼎立"的局面。

2006 年的大选中，国家行动党的卡尔德龙得票率为 35.89%，来自民主革命党的奥夫拉多尔得票率为 35.31%，仅比卡尔德龙落后 0.58%，而革命制度党的马德拉索得票率为 22.26%，位居第三。从参众两院的选举结果来看，国家行动党共获得 258 个席位，由革命制度党和墨西哥绿色生态党组成的墨西哥联盟获得 160 席，由民主革命党、汇合党和劳动党组成的"为了所有人利益"联盟获得 196 席。三个主要政党之间的差别仍不明显。

从 2000 年和 2006 年总统大选的结果可以看出，墨西哥三个主要的政党——革命制度党、国家行动党和民主革命党的力量达到了某种程度的均衡，多党竞争的态势在墨西哥基本形成。但是，三个党派的力量对比并非一成不变，在卡尔德龙执政时期，由于受到诸多社会问题的困扰，墨西哥政治权力的天秤又逐渐向革命制度党倾斜。该党在 2000 年和 2006 年总统大选中失利后，痛定思痛，召开十八大和第四次非常全国代表大会，修改党章、重新制定党内道德准则，从而有效地提升了党内凝聚力。

反观同时期的其他两个主要政党——国家行动党和民主革命党，则均受到不同问题的困扰。对国家行动党来说，其执政 12 年未曾取得民众期待的效果。对民主革命党来说，2006 年惜败给国家行动党让奥夫拉多尔心存不满，他自封为"合法总统"，力图建立"平行政府"，并且笼络一些议员形成与卡尔德龙的长期对抗，其许多过激的做法丧失了党内很多人的支持，也失去了人民的信任，使民主革命党的威信明显不如从前。[①] 民众对这两个政党的普遍不满客观上增加了革命制度党的吸引力。在与两次大选失之交臂后，革命制度党重新成为墨西哥民众情感和希望的寄托。果然，在 2012 年的大选中，由革命制度党和绿色生态联盟组成的竞选联盟在参众两院的选举中赢得 368 席。在同时期举行的 6 个州的州长选举中，该党也不负众望，一举拿下 3 个州。这样，革命制度党所执政的州在全国州总数中所占比例超过 2/3。

表 4—3 2012 年各党在参众两院所占席位表

政　党	参议院议席	从议院议席
革命制度党	52	207
国家行动党	38	114
进步运动	28	136
绿色生态党	9	33
新联盟党	1	10
合计	128	500

资料来源：徐世澄："墨西哥革命制度党为何能东山再起"，《拉丁美洲研究》2012 年第 5 期，第 12—16 页。

从表 4—3 可以看出，2012 年的革命制度党一扫前两次大选的阴霾，占据了参众两院共 259 个席位，大大超过国家行动党的 152 席和进步运动的 164 席。从政党结构的角度来说，显示出革命制度党

[①] Beatriz Stolowicz, Juan Valdés, and Juan Valdés Paz, *Gobiernos de Izquierda en América Latina: un Balance Político*. Bogotá: Ediciones Aurora, 2007, pp. 276–277.

力量"壮大"的趋势。当然，这种力量的上升只是相对而言的，属于多党竞争体制中力量消长的正常变化范围，与20世纪革命制度党长期霸占执政地位的"一党独大"特征有着根本区别，并不能改变"三党鼎立"的基本政党格局。

二、央地关系的变化：基于动因机制的分析

（一）关于动因机制

"机制"（mechanism）的概念最早来自于物理学和工程学领域。简言之，它是一套将输入的力量和运动转化为输出力量和运动的装置。其组成部分包括齿轮和齿轮组、传送带和从动机构、联接和摩擦装置（如刹车和离合器）以及一些结构组件等。① 此外，机制一词还广泛应用于生物学、哲学和社会科学领域。在社会科学领域，对于机制的发生原理，乔恩·埃尔斯特（Jon Elster）这样评论道，"解释现象关键在于解释其发生缘由。要做到这一点，通常需要我们梳理更早的事件作为原因。但是仅仅寻找原因是不够的，我们需要事先提供事情的发生机制"。② 彼得·麦卡莫（Peter Machamer）认为机制由一系列实体及与这些实体相关的活动组成。这些活动会带

---

① John J. Uicker, Gordon R. Pennock, and Joseph E. Shigley, *Theory of Machines and Mechanisms*. New York: Oxford University Press, 2003.
② Jon Elster, *Nuts and Bolts for the Social Science*. Cambridge: Cambridge University Press, 1989, pp. 3 - 4.

来变化，变化的种类取决于实体的性质和活动以及它们之间的关系。[1]《现代汉语词典（第五版）》将机制定义为："泛指一个工作系统的组织或部分之间相互作用的过程和方式。"[2] 从上述定义可以看出，机制是指系统内部要素间的耦合关系与作用机理。

一般来说，机制的性质可归纳为自然性、自为性、因果性和可控性。

自然性：机制的设计旨在达到人类特定的目的，但必须以顺应自然规律为前提。缺乏自然规律的支持，任何机制在实际操作或运转的过程中都无法持续。

自为性：是指在没有人为干预的前提下实行自主独立运行。机制一旦设计好，就能在给定条件下自主运转并发挥预期功效。如建于山岭的风车，只要风力达到一定级别就能自动转动发电。需要注意的是，在机制的运行过程中，人为因素应被限制到最低，人的作用主要是维护机制以便其能正常运转。

因果性：机制是由若干因素耦合而成的有序系统。在正常的因果链条传导下，机制的预期功能得以发挥。在不同的既定参数下，机制可根据需要发挥不同程度的功能。值得注意的是，不同因素间的因果关系并不一定呈现出单向串联结构，有可能是并联结构，甚至是网络结构。在实际操作过程中，由于受到诸多因素的影响，机制通常表现为随机网络结构。换言之，因素 A 不会百分百导致结果

---

[1] Peter Hedström and Petri Ylikoski, "Causal mechanisms in the social sciences", *Annual Review of Sociology*, 2010, 36: 49–67.
[2] 中国社会科学院语言研究所：《现代汉语词典（第五版）》，商务印书馆 2005 年版，第 628 页。

B，通常的情况是：因素 A 以一定概率导致结果 B，但也可以一定概率导致结果 C。

可控性：人们能够通过对机制的认识来改造其中的部分环节，以便其能更好地为人类服务。可控性充分体现了人在机制的设计中的作用。①

动因机制（causal mechanism）在"机制"的基础上更强调"动因"的自为作用，即动因怎样一步一步导致最终的结果。"对现象的完整解释必须厘清其动因机制，以便描述一个变量影响另一个变量的过程，即因素 X 如何产生了结果 Y。"② 詹姆斯·马奥尼（James Mahoney）认为动因机制是指能够产生结果但本身并不需要进一步解释的看不见的实体、过程或结构。③ 在社会科学领域，动因机制能够揭示社会发展的内在联系，能够揭示一国政治、经济、社会发展的一般规律和洞察社会发展遇到的问题。

总之，动因机制是用来描述动因与事物运动发展间的内在联系的。从整体上说，动因和事物发展的进程及结果都同属一个系统中。在该系统中，动因与事物发展的关系主要包括两方面内容：一方面，动因能够决定事物发展的趋势和结果；另一方面，事物的发展态势也会在某一程度上反作用于动因本身。在此基础上，本书试图证明，

---

① 郝英奇：《管理系统动因机制研究》，天津大学博士学位论文，2006 年，第 36—38 页。

② Edgar Kiser and Michael Hechter, "The Role of General Theory in Comparative-historical Sociology", *American Journal of Sociology*, 1991, 97, p. 5.

③ James Mahoney, "Tentative Answers to Questions About Causal Mechanisms", *Annual Meeting of the American Political Science Association*, Philadelphia, 2003, Vol. 28. http: // ciece. com. ar/ciece/wp-content/uploads/Mahoney-James-Tentative-Answers-to-Questions-about-Causal-Mechanisms. pdf.

在一套完整的动因机制中，各因素不仅单独影响事物发展，不同的动因之间更会形成合力共同作用于事物发展进程。此外，事物发展进程本身并非完全处于受动一方。随着时间的推移，事物发展程度也会反作用于各个因素。这种反作用主要通过改变自身对各因素的抵御能力表现出来。在这样的动因机制中，由各因素共同导致的结果，即事物发展态势在程度上并不一致。从时间维度来看，正是这种不一致有助于形成对事物发展的规律性认识。

下面，本书就利用这一逻辑来分析墨西哥中央—地方关系的动因机制。根据前文分析，现实危机和政党结构是导致墨西哥央地关系变化的核心动因。两大动因既单独影响着墨西哥的央地关系，又相互作用，形成合力改变央地关系的发展趋势。从另一方面来说，两大动因与墨西哥央地关系也并非是单向度的，央地关系的改变也会反作用于动因本身。

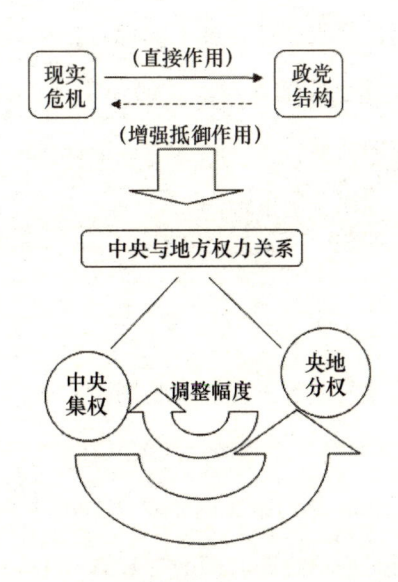

图4—2 墨西哥央地关系变化的动因机制

如图 4—2 所示，两大动因作用理论流程可以从以下几方面得以说明：

1. 危机的到来暴露出现行体制的弱点

政党结构是其政治生活的关键，政党结构的形态直接关系着选举、政体以及民主化进程。政党结构的不合理会给整个政治体制留下隐患，而现实危机的到来会加速暴露现行政治体制的缺陷。

2. 政党结构调整与完善是平息危机的重要手段

面对危机，执政党会出于政治目的被迫调整政党结构以平息危机造成的消极影响，减弱其危害，如通过改革选举制度和增加议会席位给予其他党派更大的政治空间，以缓和矛盾，并加强其执政认同感。

3. 完善治理结构可以增强抵御危机的能力

经过调整的政党结构适应了时代的要求，会为政治体制注入新的活力，使政治局面得到一定程度上的稳定，从而刺激国家的发展。同时政治环境的改善也能增强对危机的免疫力，最终推动央地关系朝着渐趋稳定的方向发展。

（二）墨西哥央地关系三次变化的动因机制分析

通过研究核心动因与央地关系之间的关系，可以清楚地看到墨西哥中央—地方关系的演变进程（参见图 4—3）：

从图 4—3 可以看出，墨西哥央地关系在四个时期的变化主要有三次，分别是从第一时期到第二时期的集权化、第二时期到第三时期的分权化和第三时期到第四时期的有限集权化。

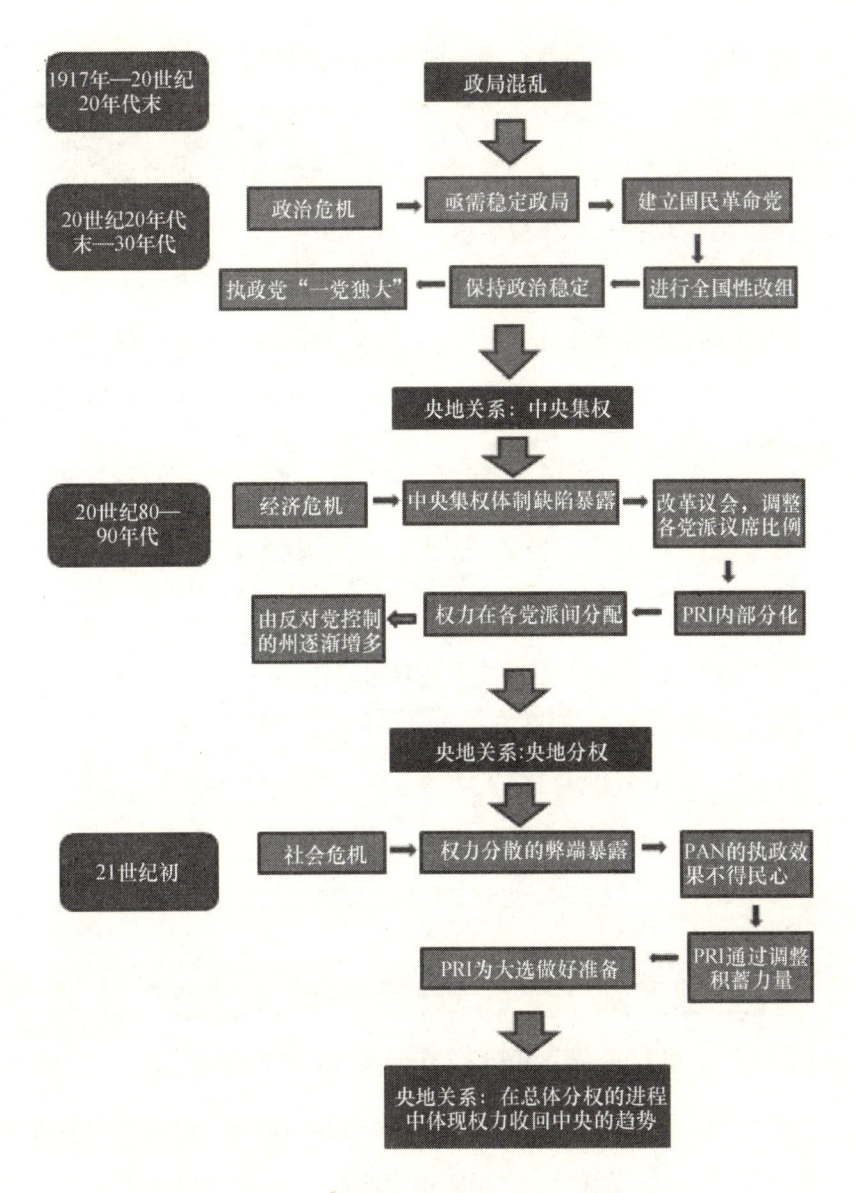

```
┌─────────────────┐                    ┌──────────┐
│ 1917年—20世纪  │                    │ 政局混乱 │
│   20年代末      │                    └────┬─────┘
└─────────────────┘                         ↓
┌─────────────────┐  ┌────────┐    ┌────────────┐    ┌──────────────┐
│ 20世纪20年代   │  │政治危机│→  │亟需稳定政局│→   │建立国民革命党│
│   末—30年代    │  └────────┘    └────────────┘    └──────┬───────┘
└─────────────────┘                                         ↓
                    ┌────────────────┐  ┌────────────┐  ┌──────────────┐
                    │执政党"一党独大"│←│保持政治稳定│← │进行全国性改组│
                    └────────────────┘  └──────┬─────┘  └──────────────┘
                                               ↓
                                    ┌────────────────────┐
                                    │央地关系：中央集权 │
                                    └──────────┬─────────┘
                                               ↓
┌─────────────────┐  ┌────────┐  ┌──────────────────┐  ┌──────────────┐
│ 20世纪80—     │  │经济危机│→│中央集权体制缺陷暴露│→│改革议会，调整│
│    90年代       │  └────────┘  └──────────────────┘  │各党派议席比例│
└─────────────────┘                                    └──────┬───────┘
                                                              ↓
                   ┌──────────────┐  ┌──────────────────┐  ┌──────────┐
                   │由反对党控制  │← │权力在各党派间分配│← │PRI内部分化│
                   │的州逐渐增多  │   └──────────┬───────┘   └──────────┘
                   └──────────────┘              ↓
                                    ┌────────────────────┐
                                    │央地关系：央地分权 │
                                    └──────────┬─────────┘
                                               ↓
┌─────────────────┐  ┌────────┐  ┌──────────────────┐  ┌──────────────┐
│   21世纪初     │  │社会危机│→│权力分散的弊端暴露│→ │PAN的执政效果│
│                 │  └────────┘  └──────────────────┘  │不得民心      │
└─────────────────┘                                    └──────┬───────┘
                                                              ↓
                                  ┌──────────────────┐  ┌──────────────┐
                                  │PRI为大选做好准备│← │PRI通过调整  │
                                  └──────────┬───────┘   │积蓄力量      │
                                             ↓           └──────────────┘
                              ┌──────────────────────────┐
                              │央地关系：在总体分权的进程│
                              │中体现权力收回中央的趋势  │
                              └──────────────────────────┘
```

图 4—3　墨西哥央地关系演变流程图

1. 从第一时期到第二时期

墨西哥中央—地方关系的第一时期是从 1917 年宪法颁布到 1934

年卡德纳斯总统上台执政；第二时期是从 1934 年到 1982 年墨西哥债务危机爆发。引发这次墨西哥央地关系飞跃的核心动因包括现实危机和政党结构，现实危机突出地表现为政治危机，而政党结构主要体现为政党羸弱。简要说来，政治危机的出现暴露了当时墨西哥政党羸弱的特点，为了稳定政局，领导人需要建立一个强大的政党来使国家政治事务制度化。所以，这一时期的政党调整表现为政党强化。由于该党强大后独霸政坛，自然从央地关系上来看就表现为从央地分权到中央集权的转变。

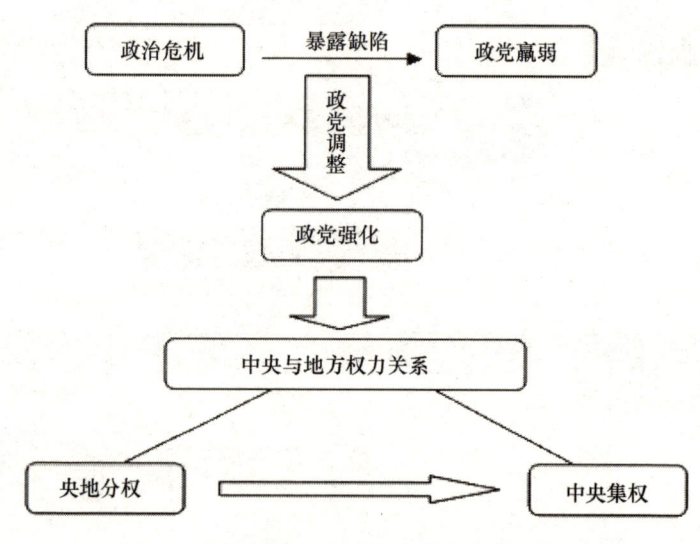

图 4—4　墨西哥央地关系第一次变化的动因机制

详细说来，促进央地关系从第一时期转换到第二时期的动因机制共经历了"政治危机"、"亟需稳定政局"、"建立国民革命党"、"进行全国性改组"、"保持政治稳定"和"执政党'一党独大'"的基本路径（参见图 4—5）。

第一，"政治危机"的酝酿与爆发。从图 4—5 可以看出，这一

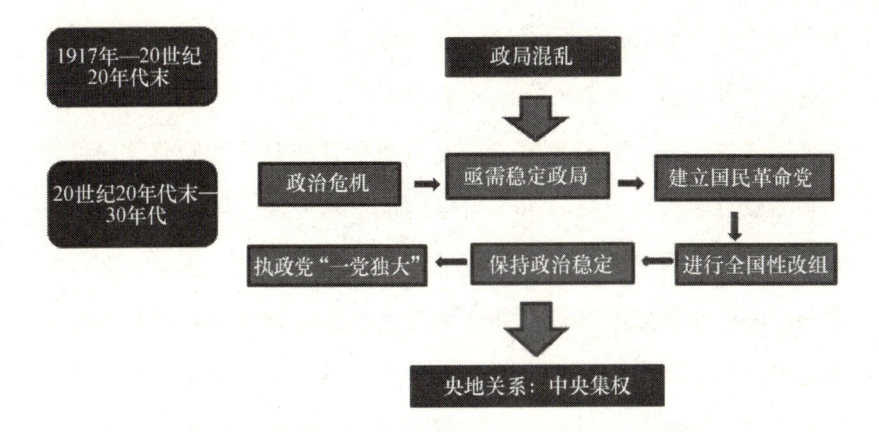

图 4—5 央地关系从第一时期过渡到第二时期的动因机制流程图

阶段的政治危机直接来自于 1917 年至 20 世纪 20 年代末期间的政局混乱，主要体现在三个方面：首先，碎片化的政党体系。1917—1928 年间，墨西哥全国性的政党有 5 个，包括立宪自由党（Partido Liberal Constitucionalista，PLC）、全国合作社党（Partido Nacional Cooperatista，PNC）、墨西哥工党（Partido Loborista Mexicano，PLM）、全国农民党（Partido Nacional Agrario，PNA）和墨西哥共产党（Partido Comunista Mexicano，PCM）。此外，在各州甚至一些城市都成立了许多地方性政党，另外，还有形形色色的工会、农会和其他群众团体。[①] 其次，考迪罗割据。自 1920 年以来，虽然没有政府被暴力推翻，但是独霸一方的考迪罗将军组织了四次叛乱，显示了他们为攫取政治权力所拥有的群众支持。[②] 再次，政治暗杀猖獗。在整个

[①] Miguel González Compeán y Leonardo Lomelí, *El Partido de la Revolución: institución y Conflicto* (1928 – 1999), Fondo de Cultura Económica, México, 2000, pp. 39 – 41. 转引自徐世澄著：《墨西哥革命制度党的兴衰》，世界知识出版社 2009 年版，第 11—12 页。

[②] Henry B. Parkes, Political Leadership in Mexico, *Annals of the American Academy of Political and Social Science*, 1940, 208: 12 – 22.

20世纪20年代不断出现政治暗杀,萨帕塔、卡兰萨、比利亚和奥夫雷贡等相继遇刺,整个政坛充斥着血雨腥风。

第二,"亟需稳定政局"。政治危机的存在直接考验着政局稳定性和当权者的执政效果。对于当时的统治者来说,最为紧迫的任务就是将政治生活纳入制度化的范畴以稳定社会局势,从而为进一步发展经济提供良好的环境。为达到上述目的,总统卡列斯的做法是改变当时政党羸弱的现象,即虽存在大大小小的政党,但各个政党还不是国家政治生活的主角,墨西哥需要强有力的政党通过实行政党政治来实现政治稳定。

第三,"建立国民革命党"。1929年,卡列斯倡议建立一个包括全国一切革命力量的政党,即国民革命党。但是,国民革命党刚成立的头几年,其组织结构很分散,只是一个具有联盟性质的松散组合,根本无力彻底解决先前存在的政治危机。为了根治全国一盘散沙的局面,墨西哥需要一个强有力的全国性政党来统筹协调各方力量。

第四,"进行全国性改组"。除了政党体制的羸弱这一导致墨西哥政治生态高度分散化的根本原因外,20世纪30年代资本主义经济危机也是不可忽视的因素。墨西哥的原料生产因世界市场萎缩而大量减产,国家财政极其困难,失业猛增,农产品价格骤跌,社会矛盾尖锐。经济与社会发展的巨大困难客观上要求国家必须通过政治改革建立强有力的中央政权,于是从1932年开始,地方的权力逐步向中央收拢。值得注意的是,墨西哥逐步走向中央集权的过程是和政党结构分不开的。为了建立有权威的政权,必须把执政党,即国民革命党改造成一个强有力的、威权型的政党。在这一年里,州一级的政党组织被取缔,所有的地方联合会都要放弃自治权,归中央直接领导。

第五,"保持政治稳定"。1934年12月卡德纳斯就任总统,在其任内进行了一系列政治、经济和社会改革,强化了执政党的地位。卡德纳斯将广大工农民众吸收进国民革命党,并对国民革命党进行结构上的改造,使其成为广泛的、中央集权的墨西哥官方党。在这样的系统中,执政党内部不同部门在相互分离的同时又相互竞争,各自垂直地与政府发生关系。这可以防止平行地建立联盟,特别是工人与农民之间的联盟。[1]

卡德纳斯经过对执政党进行职团主义的强化,基本上解决了20世纪20年代至30年代初的政治危机,逐步引导墨西哥的政治生活从先前的混乱局面步入政党政治的有序实践,墨西哥政局呈现总体稳定的态势。

第六,"执政党'一党独大'"。在执政党不断得到强化的同时,墨西哥央地关系的天秤逐渐倾向中央一方。地方政府的权力向中央政府转移通过两条途径实现。其一,地方党组织的权力集中于国家领导层。首先有必要弄清墨西哥执政党和政府的关系。在革命制度党执政期间,党和政府间的联系非常紧密以至于很难将它们区分开。在其执政的71年间(1929—2000年),革命制度党是政府的工具、政府的鼓动机构和保护机构。[2] 政府为执政党提供物质支持,而遍布墨西哥各地的党组织机构不仅服务于党,也服务于各级政府。地方

---

[1] 林被甸、董经胜著:《拉丁美洲史》,人民出版社2010年版,第344页。

[2] Robert K. Furtak, *El Partido de la Revolución y la Estabilidad Política en México*. Universidad Nacional Autónoma de México, 1978, p. 141.

政府的官员绝大多数是革命制度党的党员，而政府施政措施在很大程度上也是党的意志体现。在国家层面，革命制度党有5个领导机构，包括全国代表大会、党的全国政治委员会、全国执行委员会、全国党的法律委员会和全国维护党员权利委员会。在联邦各州和联邦区，革命制度党主要有3个机构：州的党代表大会、州的党的政治委员会和州的党的领导委员会。党的地方机构不具有独立自主性，完全隶属于中央的领导。执政党在中央和地方的机构设置有利于制定与执行党的政策和行动方针，保持党的行动一致性。正是基于执政党与政府的密切关系，党的集权也就标志着中央政府的集权。其二，国家领导层的权力集中于总统一人，形成"超级总统制"。革命制度党把总统看成党的领袖和最高理想。[1] 虽然党章规定党的主席经由党的代表大会选举产生，只有全国代表大会才能免除党主席的职务，但实际上，无论是党主席的提名还是罢免，均是由总统决定的。除了任命党主席，总统还可在其卸任前钦定下一届党的总统候选人，这是墨西哥政治中央集权的集中表现。

综上所述，在犹如一盘散沙的政治危机面前，墨西哥的政党结构由最初的羸弱松散逐步走向强大和有序，实现了政党政治从无到有的转变，同时也对央地关系产生了重要影响，使地方政治权力逐渐被中央政府牢牢掌控。

2. 从第二时期到第三时期

经过20世纪30年代到70年代末的内向型发展模式，墨西哥高

---

[1] Robert K. Furtak, *El Partido de la Revolución y la Estabilidad Política en México*. Universidad Nacional Autónoma de México, 1978, 146.

度集权的政治体制已不再适合经济发展的需求。随着1982年经济危机的到来，过于强化的官方党的结构弊端完全暴露了出来，继而央地间的权力分配也逐渐向地方倾斜，形成墨西哥央地关系的第二次重大变化。

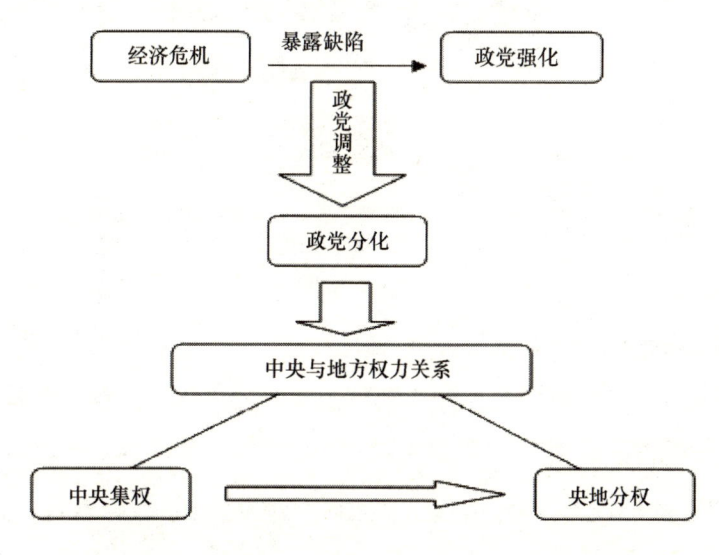

图4—6 墨西哥央地关系第二次变化的动因机制

详细说来，促使墨西哥央地关系进行第二次重大变化的动因机制主要包括"经济危机"、"中央集权体制缺陷暴露"、"改革议会、调整议席"、"执政党内部分化"、"权力在各党派间分配"和"由反对党控制的州逐渐增多"的基本路径（参见图4—7）。

第一，"经济危机"。1981年国际市场原油价格骤跌12%，墨西哥当年即损失60亿—70亿美元的石油收入，第二年石油收入从270亿美元降至140亿美元。与此同时，国际银行利率上涨，许多墨西哥富豪对本国货币失去了信心，匆忙购买美元并存入美国银行。墨西哥银行的外汇储备几近枯竭，不得不在1982年8月宣布暂停偿还

```
                    ┌─────────────────┐
                    │ 央地关系：中央集权 │
                    └────────┬────────┘
                             ▼
┌──────────┐   ┌──────┐   ┌──────────────┐   ┌──────────────┐
│20世纪80—90│   │经济危机│──▶│中央集权体制缺陷暴露│──▶│改革议会，调整│
│   年代   │   └──────┘   └──────────────┘   │各党派议席比例│
└──────────┘                                 └──────┬───────┘
                                                    ▼
              ┌──────────┐   ┌──────────────┐   ┌──────────┐
              │由反对党控制│◀──│权力在各党派间分配│◀──│PRI内部分化│
              │的州逐渐增多│   └──────────────┘   └──────────┘
              └──────────┘           │
                                     ▼
                         ┌─────────────────┐
                         │ 央地关系：央地分权 │
                         └─────────────────┘
```

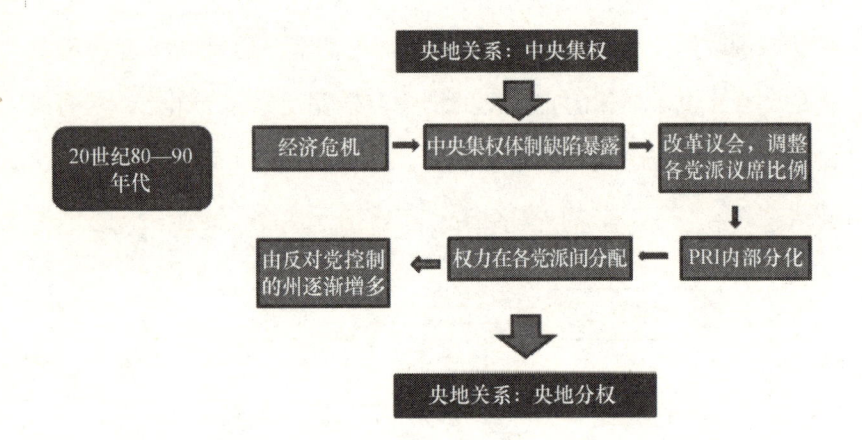

图4—7　央地关系从第二时期过渡到第三时期的动因机制流程图

外债，酿成墨西哥历史上最大的一场债务危机。这次危机促使德拉马德里政府和继任的萨利纳斯政府进行新自由主义的经济改革，降低国家在经济发展中的作用，削减公共开支，将国有企业私有化，实行贸易自由化等。

第二，"中央集权体制缺陷暴露"。在政治上，这次危机反映出高度集权的执政党在重大政策制定过程中的诸多缺陷，如"一言堂"，缺乏监督和民主等，迫切需要通过改革来适应社会发展的客观需要。

第三，"改革议会、调整议席"。危机导致了原本"一党居优"政党结构的松动，增大了反对党的活动空间。萨利纳斯执政期间增加了众议院和参议院的席位，并调整两院的议席组成。由此，任何政党在众议院的席位不能超过300席（即60%），有32名参议员按照比例代表制产生，联邦选举委员会完全独立。这些措施为在野党提供了更为广阔的政治空间。

第四，"执政党内部分化"。墨西哥当时面临的各种社会矛盾和经济问题引发了革命制度党内部的分裂,并直接导致民主革命党的成立。该党具有鲜明的左派色彩,标志着墨西哥的政党格局走向分化。

第五,"权力在各党派间分配"。随着反对党的政治空间不断扩大和革命制度党的分裂,原先由一个政党掌握的政治权力开始在不同政治派别中重新分配,权力呈现出某种均衡化的趋势。这样一来,各个党派在政治舞台上的活动就获得了更多公平表演的机会,客观上有利于它们在地方集聚力量做好制度上的准备。

第六,"由反对党控制的州逐渐增多"。在墨西哥新自由主义改革的过程中,政党结构的变化引发了相应的央地关系的调整。第一,由于在野党的政治活动空间不断增加,由反对党控制的州的数量不断增多。第二,在总统的权力遭到压缩的同时,州长的宪法权力得到恢复和加强。这突出表现在地方政府领导人的产生方式上,以前是由总统任命,现在则不再受制于总统或中央高层的提名,而是通过公开竞选产生。

总的来说,20世纪80—90年代的经济危机促使墨西哥的政党结构做出调整,客观上为其他政治力量留出了活动空间并限制了原有的总统权力。结果,大量的权力从中央下放到地方,地方政府的自主性和独立性均有所提高。

3. 从第三时期到第四时期

2000年以后,墨西哥的政党结构逐渐形成"三党鼎足"之势,政党的分化使政府与政党间出现了新的紧张关系。这种紧张关系在墨西哥层出不穷的社会问题面前不断暴露出来,进而促使部分权力又被收归中央。

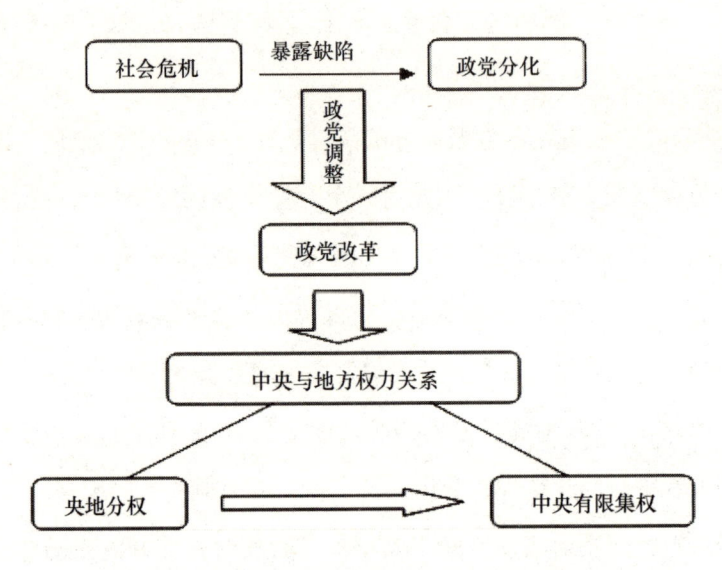

```
社会危机 ──暴露缺陷──> 政党分化
          │政党调整
          ▼
        政党改革
          │
          ▼
      中央与地方权力关系
       ╱            ╲
   央地分权 ══════> 中央有限集权
```

图4—8　墨西哥央地关系第三次变化的动因机制

详细说来，墨西哥央地关系进行第三次变化的动因机制主要包括"社会危机"、"权力分散弊端暴露"、"PAN执政效果不得民心"、"PRI通过调整积蓄力量"和"PRI为大选做好准备"的发展路径（参见图4—9）。

第一，"社会危机"。在相继受到20世纪20—30年代的政治危机和80—90年代的经济危机的挑战后，这一次墨西哥迎来了社会危机的困扰。这种社会危机在福克斯政府和卡尔德龙政府时期有不同表现。在福克斯执政的6年中，社会危机突出的表现为贫困问题、就业问题和经济低迷造成的一系列社会后果问题。而在卡尔德龙主政期间，安全问题，特别是有关毒品犯罪的问题成为社会危机的突出表现。

第二，"权力分散弊端暴露"。虽然福克斯和卡尔德龙政府采取

```
                    ┌──────────────────┐
                    │ 央地关系：央地分权 │
                    └────────┬─────────┘
                             ▼
┌────────┐   ┌──────┐   ┌──────────┐   ┌──────────┐
│21世纪初│   │社会危机│→ │权力分散的弊端暴露│→│PAN的执政 │
└────────┘   └──────┘   └──────────┘   │效果不得民心│
                                        └────┬─────┘
                                             ▼
                    ┌──────────────┐   ┌──────────┐
                    │PRI为大选做好准备│←│PRI通过调整│
                    └───────┬──────┘   │积蓄力量  │
                            │           └──────────┘
                            ▼
                ┌──────────────────────┐
                │央地关系：在总体分权的进程│
                │中体现权力收回中央的趋势 │
                └──────────────────────┘
```

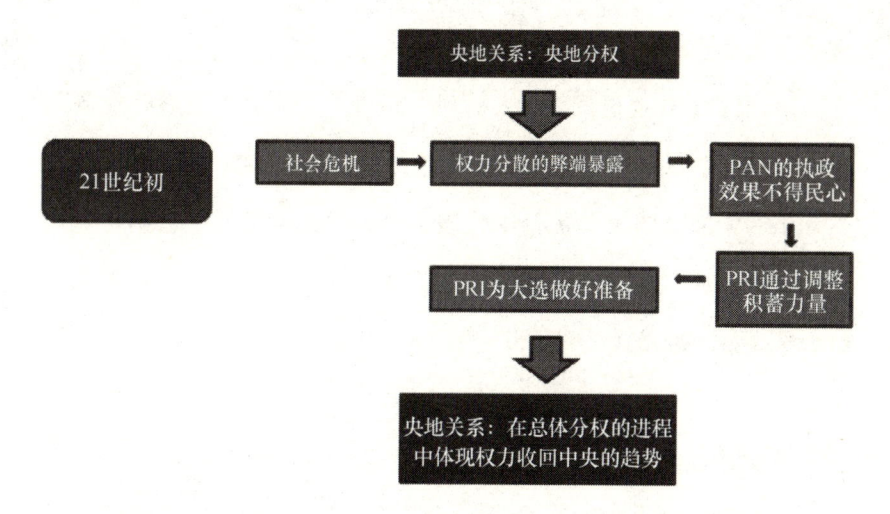

图 4—9　央地关系从第三时期过渡到第四时期的动因机制流程图

了一些措施，如建立和完善制度体系来保持社会稳定，但地方政府在打击社会犯罪问题上则显得更加无能为力。更有甚者，不少人权组织开始质疑地方政府是否有能力彻底调查针对记者的刑事犯罪案件。

第三，"PAN 执政效果不得民心"。福克斯在竞选时和上台之初承诺要进行三大改革，即财政改革、劳工改革和能源改革。由于国家行动党在议会两院中均不占多数席位，三项改革方案都未能在议会中得到通过。墨西哥自治理工学院教授埃里克·马加尔认为，"墨西哥选举结果表明该国政治发展的多元化趋势，结束了革命制度党的霸主地位，使体制民主化，但是也开启了一个'政权分裂'的时代"。[1] 因此，不少政界人士和学者认为福克斯政府效率极其低下，

---

[1] Eric Magar y Vidal Romero, "Elimpasse mexicano en perspectiva", *Foreign Affairs En Español*, Enero-Marzo 2007, http://www.foreignaffairs-esp.org/20070101faenespessay070114.

许多承诺都未能兑现。

第四,"PRI通过调整积蓄力量"以及"PRI为大选做好准备"。在2000年和2006年两次总统大选中败北后,革命制度党痛定思痛,召开十八大和第四次非常全国代表大会,修改党章、重新制定党内道德准则,从而有效提升了党内凝聚力,并且为2012年再次参加总统大选做好了准备。

在革命制度党逐步增加所控州的数量的同时,国家行动党和民主革命党的相对优势却在不断下降。这在一定程度上反映出墨西哥民众对始于20世纪80年代的分权化进程的不满。根据前文所述,在2010年,仍对民主化改革持支持态度的民众已不足半数。面对各类社会矛盾和问题,革命制度党在20世纪执政的大部分时间里能够保持社会相对稳定自然就对墨西哥民众产生了一定的吸引力。这种政党结构的调节在央地关系上就表现为中央政府对权力的有限收回。

另外,必须注意到,墨西哥中央—地方权力关系再一次向中央倾斜并不代表该国可能回到20世纪革命制度党"一党独大"的集权岁月。21世纪初进行的央地权力关系调整是在墨西哥民主化进程的大背景下做出的,与20世纪80年代前的央地关系失衡有着本质区别。民主化进程是当今世界的潮流,任何国家想要逆流而上既是不现实的,也是不明智的。

综上所述,面对各种问题和困境,执政党和在野党虽然在改革措施上有不同侧重,但客观上体现了墨西哥权力向中央有限回收的趋势。

第二节 央地关系变化的后果与影响

一、政治体制的完善

（一）主要政党的力量趋于均衡

在20世纪80年代前，执政的革命制度党的主要支持力量来自农村而非城市。随着现代化进程的推进和城市化的发展，官方党的执政基础受到削弱。80年代的债务危机严重打击了墨西哥的经济，尤其是农村地区的经济发展，进一步损害了执政党的合法性。民众对执政党政策和执政效果的不满导致了意识形态上的分裂，催生了政治上和社会上的反对势力。20世纪80年代中期，一支左翼力量从革命制度党分裂出去，后来组建成民主革命党，在1988年的总统大选中获得极大的支持率。该党和国家行动党一起成为革命制度党在政坛上的强劲对手。进入21世纪，墨西哥政坛上出现了带有不同身份特征的三个政党：代表左翼的民主革命党、代表右翼的国家行动党和代表中间势力的革命制度党。三个政党都拥有全国性的支持者，在每次大选中的得票率加起来都在90%左右，足见政党政治在墨西哥的发展和进步。

（二）选举制度渐趋成熟

墨西哥选举制度的改革与该国民主化进程密切相关。革命制度党推进选举改革的最初目的是为了让选举结果具有合法性。例如，墨西哥联邦选举委员会的成立即是出于此种目的。美国哥伦比亚大学学者比特利兹·玛格罗妮（Beatriz Magaloni）认为1994年选举改革的最重要一环是设立了"公民代表"（Consejeros Ciudadanos）。6名由众议院选出的公民代表构成了选举委员会的主体，这6名成员分别由革命制度党、国家行动党和民主革命党各推荐2名。这种制度设计使政府失去了对选举委员会的绝对控制权。经过这次改革，墨西哥反对党认为一直以来困扰总统大选的透明度问题在很大程度上得到了有效解决。[①] 2000年，选举委员会作为监督机构见证了执政71年的革命制度党被以比森特·福克斯为首的国家行动党取代了其执政地位。

总之，革命制度党力图通过一系列自由主义式的改革维持其执政地位，但反对党派却借此扩大自己的影响力，并最终终结了革命制度党在选举中的霸主地位。用美国威尔逊中心的专家毛里西奥·梅里罗（Mauricio Merino）的话说，墨西哥的民主过渡是经由投票产生的——整个民主化过程都关乎着选举的质量，民主过渡来自于选举。[②] 巧合的是，这种政治进程的发展偶合了墨西哥20世纪初资产阶级革命的口号："有效选举、不得连任。"

（三）联邦制度逐渐完善

墨西哥自1917年颁布现行宪法以来就确立了联邦体制，体现出

---

① Beatriz Magaloni, *Voting for Autocracy: Hegemonic Party Survival and Its Demise in Mexico*, New York: Cambridge University Press, 2006, p. 38.

② Mauricio Merino, *La transición votada: Crítica a la interpretación del cambio político en México*, 转引自 Peter H. Smith, "Mexican Democracy in Comparative Perspective", in Roderic A. Camp, ed., *The Oxford Handbook of Mexican Politics*, New York: Oxford University Press, 2012, p. 81。

总统制国家的典型特征：总统居于政治生活的核心地位，任期6年，不得连任；由参众两院组成立法机构等。但是，多年的政治实践表明，联邦制在该国有名无实：一方面，从中央—地方关系上看，权力集中在中央政府，地方政府很大程度上只是充当了中央政府的代理角色；另一方面，从立法、司法、行政三权的关系上看，行政权的地位明显优于其他两权，三权并不平等。正因如此，墨西哥并未体现出良好的权力制衡色彩。始于20世纪70—80年代的分权化进程从纵向和横向两方面改变了这一权力分配格局。

从纵向上看，以总统为代表的中央政府权力得到限制，与此同时各州的权力份额在逐渐增加。自20世纪70—80年代以来，在一些国际组织，如世界银行和美洲开发银行的倡导下，墨西哥中央政府采取了一系列分权化政策，以提升地方政府的效率和活力。这种做法遵从的逻辑是，地方政府较之中央政府更接近于民众，对其需求和偏好更为敏感，所以在提供公共产品和服务方面更加有效。从分权的效果来看，相较于20世纪80年代初，现在墨西哥的地方政府明显掌握了更多的资源和权力，能更好地发挥作用。[1]

从横向上看，立法、司法和行政三权相对更加平衡，一定程度上改变了以往行政权力压立法权和司法权的情况。以司法权为例，1994年，墨西哥通过宪法改革推动了"宪法司法化"（constitutional adjudication）的进程，将法官的任期延长到15年，并且提高了司法从业者的薪酬。此举极大提升了司法部门的独立性，使之从先前的

---

[1] Yemile Mizrahi, "Mexico: Decentralization From Above", in Joseph S. Tulchin and Andrew Selee, eds., *Decentralization and Democratic Governance in Latin America*, Washington, D. C.: Woodrow Wilson International Center for Scholars, 2004, p. 138.

政治高压下解放出来。在此之前，墨西哥最高法院在政治上实际从属于立法权和行政权分支。法官的工作只是"应用法律"，即解决民众个体之间的纷争。2000年后，不利于执政党的司法决议明显增多，体现出司法权越来越独立于行政权的趋势。司法系统权力增强得益于墨西哥权力分散度的提高，即立法部门和行政部门因政党竞争而形成权力更为制衡的局面。①

（四）市民社会逐步形成

市民社会又称公民社会，它是介于国家和个人之间的相互作用的领域以及与此相关的价值或原则，它既不属于政府，也不属于营利的私营经济，具有典型的自发性。② 1968年特拉特洛尔科惨案之后，"市民社会"的概念逐渐深入人心，很多有组织的社会团体运用此概念来要求在政治上获得更多独立和自由的空间。③ 在20世纪80年代初债务危机的打击下，政府不得不调整职能以恢复经济发展，更多地依靠来自国际资本、国内私有产业和市民社会的支持。实际上，墨西哥市民社会的壮大主要有以下几种原因：其一，市民社会的诉求在于通过合法途径获得更大社会参与的空间，属于政治权威的挑战者；其二，市民社会寻求扩大社会的作用，并为此建立一套

---

① Julio Ríos-Figueroa, Fragmentation of Power and the Emergence of an Effective Judiciary in Mexico, 1994 – 2002, *Latin American Politics and Society*, 2007, 49（1）: 31 – 57.
② Helmut K. Anheier and Regina A. List, *A Dictionary of Civil Society*, *Philanthropy and the Non-profit Sector*, London: Routledge, 2005, p. 54.
③ Leticia Santín Del Río, "Decentralization and Democratic Governance in Mexico", in Joseph S. Tulchin and Andrew Selee, eds., *Decentralization and Democratic Governance in Latin America*, Washington, D. C.: Woodrow Wilson International Center for Scholars, 2004, p. 170.

良好的运行机制,以此推进公众对政府政策的问责意识;其三,市民社会的成长主要依靠弱势阶层的发展,包括工人和农民社会参与度的提高。①

二、央地关系呈现"稳中求变"的趋势

纵观自 1917 年颁布墨西哥现行宪法到 2012 年革命制度党再次上台执政,墨西哥的央地关系经历了"混乱—成形—集权—分权—动态调整"几个阶段(参见图 4—10)。

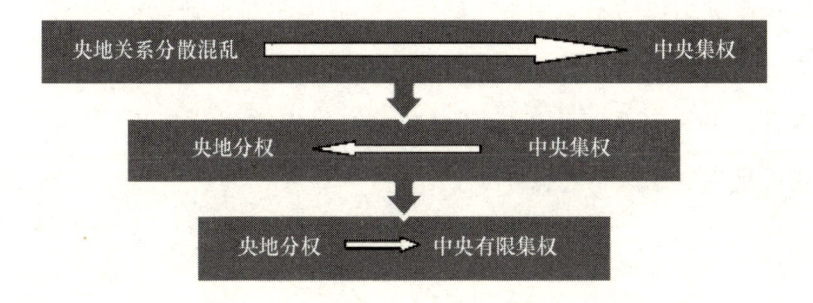

```
央地关系分散混乱 ━━━━━━▶ 中央集权
                    ↓
       央地分权 ◀━━━━ 中央集权
                    ↓
       央地分权 ━━▶ 中央有限集权
```

图 4—10　墨西哥央地关系变动幅度流程图

这样一种钟摆效应可以从前文的动因机制中得到解释。现实危机(包括政治危机、经济危机、社会危机)的到来实质上提供了检验现行政治体制的机会。墨西哥的政治体制以独有的政党结构为组织特征,在危机面前会加速暴露其存在的结构性缺陷和问

---

① Leticia Santín Del Río, "Decentralization and Democratic Governance in Mexico", in Joseph S. Tulchin and Andrew Selee, eds., *Decentralization and Democratic Governance in Latin America*, Washington, D. C.: Woodrow Wilson International Center for Scholars, 2004, p. 169-170.

题。这些缺陷和问题会内化为促进政党结构进行调整的动力,以期能够最有效地克服现实危机,同时保证政治稳定。纵观三次央地关系变化,政党调整的动力和方向无不如此。在墨西哥犹如一盘散沙的政治危机面前,当务之急是确保政治的稳定和有序,于是便催生了囊括一切革命力量的政党——革命制度党,其通过不断集权而变得强大;在经济危机的冲击下,过分强化的一党独大不适应国家发展的要求,于是出现了政党分化,进而形成政党鼎立;在接踵而至的各类社会危机面前,政党的分化产生了新问题,即政府和政党分裂导致的政令不畅,于是开始了政党改革。经过政党结构的不断调整,墨西哥政治体制在抵御现实危机的能力方面不断提升,最终在政党结构不断完善和成熟的影响下,墨西哥的央地关系变化幅度日益减小,从集权到分权再到有限集权,呈现逐渐趋稳的态势。

三、其他后果与影响

(一)对墨西哥经济发展的影响

在20世纪80年代以前,由于权力集中在中央政府,在经济发展方面,相应地体现了国家主义发展模式,即国家经济的发展由该国政府,特别是中央政府严格管控。各个经济部门的国有化程度偏高,市场并不对经济要素的分配起决定性作用。相反,墨西哥经济的运行经常受到政府干涉。这种发展模式具有以下特点:第一,政府是经济行为的最终决策者;第二,生产型和服务型企业属于国家所有;第三,对国家产业进行考核、给予补助和税收优惠;第四,颁布保护性的贸易政策,如提高关税壁垒;第五,政府对价格进行调控;第六,对于特定的经济领域实行准入限制措施。[1] 1970—1982年是墨西哥国家主义发展的顶峰阶段,这种发展模式产生了大量的财政赤字,为政府进行借债式发展进而陷入空前的债务危机留下了隐患。

20世纪80年代中期,墨西哥通胀率居高不下(1986年12月已达105%),大量资金外逃(1983—1985年间超过160亿美元),1985年墨西哥城大地震耗费了40亿—50亿美元的重建资金,再加上原油价格下跌55%,这一系列因素迫使决策者摒弃旧有的发展模式。1987年,墨西哥基本上结束了原有的进口替代工业化发展模式,转而强调经济发展的出口导向;加入关税及贸易总协定(General Agreement on Tariffs and Trade,GATT),逐步对企业进行私有化;同美国签订一揽子关税、贸易和投资协议,并取消出口补贴;采取措施增强大型国有企业的活力,同时降低对这些企业的补贴力度。[2]

萨利纳斯政府加速了墨西哥经济发展模式的转换。他在执政的6年里,将一系列主要国有企业私有化,放开管制的经济部门达到50%,通过浮动汇率制度来控制通胀率,同时与美国和加拿大就北美自由贸易协定(NAFTA)展开磋商。这些措施使墨西哥经济彻底

---

[1] Mark E. Williams, "The Path of Economic Liberalism", in Roderic A. Camp, ed., *The Oxford Handbook of Mexican Politics*, New York: Oxford University Press, 2012, p. 747.

[2] Fondo de Cultura Económica. 1988. Reestructuración del sector paraestatal. México, D. F.: Fondo de Cultura Económica. 转引自 Mark E. Williams, "The Path of Economic Liberalism", in Roderic A. Camp, ed., *The Oxford Handbook of Mexican Politics*, New York: Oxford University Press, 2012, p. 749.

转向新自由主义模式,继任者塞迪略、福克斯与卡尔德龙基本保持和延续了这种市场化的改革。

总之,自 20 世纪 80 年代以来,墨西哥的原有权力格局被打破,权力在由中央下放到地方的同时也由政府下放给市场。墨西哥中央政府在短期内对几百家国有企业实行私有化,对几十个经济部门放松管制,解除贸易壁垒,使原先受到高度保护的国内市场变得更加开放自由。到 90 年代初,墨西哥被国际社会公认为市场化改革的典范。[①]

(二) 对于社会运动的影响

在 20 世纪大部分时间里,社会组织和社会运动一直都是革命制度党寻求执政合法性的重要途径。在革命制度党建立的金字塔式的权力结构中,有些组织结构严密,如全国农民联合会(CNC)。在革命制度党的领导下,墨西哥民众,特别是工人阶级和底层民众一直受到鼓励走上街头以示对现行政治体制的支持和拥护。对公民的动员是革命制度党领导层建立其权力基础、削弱反对派力量的重要方式。

但是,随着 20 世纪 80 年代中央—地方权力关系的改变,国家的职团主义体系受到巨大打击,社会运动逐渐从革命制度党的传统控制下独立出来。在传统的职团主义体系中,社会运动通常在行业内部进行,而且主要由国家领导,但是在央地分权体系下,社会运动的领导者一般会建立更多的跨阶级联合,其目的一是反对政府出

---

① Mark E. Williams, "The Path of Economic Liberalism", in Roderic A. Camp, ed., *The Oxford Handbook of Mexican Politics*, New York: Oxford University Press, 2012, p. 744.

台的政策,二是反对私有利益。① 各种社会运动组织提出不同的诉求,挑战着执政党的权威,使整个政治体系面临较大压力。处于分权化进程阶段的社会运动有别于革命制度党集权时期的社会运动,主要是因为它们对当权者造成了持续的挑战。西德尼·塔罗(Sidney Tarrow)和查尔斯·蒂利(Charles Tilly)认为,从定义上说,社会运动就是挑战当权者的行为。运动的倡导者以生活在掌权者管辖范围内人民的名义挑战权威,这些运动通常以表现民众的价值、团结、数量和承诺的方式来进行。② 在这些社会运动中,尤以恰帕斯州萨帕塔民族解放军运动(EZLN)、莫雷诺斯州迪波斯特兰统一运动(CUT)、瓦哈卡人民议会运动(APPO)和各类环境保护运动为甚。

(三)对墨美关系的影响

与美国的关系是墨西哥对外关系的重中之重。在20世纪90年代以前,虽然革命制度党一向执行的第三世界主义政策对美国具有一定挑战性,但墨西哥政府无意故意激怒美国,在面临诸如第二次世界大战和古巴导弹危机等重大事件时保持了与美国的一致性。作为回报,美国也并未过多插手墨西哥的内政外交事务。可以说,这个阶段美墨关系的发展总体上比较平稳。90年代后,墨美关系进入特殊发展时期。一方面,墨美关系似乎进入了前所未有的蜜月期。墨西哥与美国、

---

① Heather L. Williams, *Social Movements and Economic Transition: Markets and Distributive Conflict in Mexico*. New York: Cambridge University Press, 2001, p. 57.

② Sidney Tarrow, and Charles Tilly, "Contentious Politics and Social Movements", in Carlos Boix and Susan C. Stokes, eds., *The Oxford Handbook of Comparative Politics*, New York: Oxford University Press, 2007, p. 442.

加拿大签订了《北美自由贸易协定》,奉行与美国"特殊接近"、与北美实现一体化的政策。2000年福克斯在总统大选中获胜后,希望与美国和加拿大建立类似于欧盟的"北美联盟"。作为回应,小布什在执政之初也将墨西哥作为外交的重点,期待与墨西哥建立"特殊关系",包括让上百万的墨西哥非法移民获得合法身份。① 另一方面,墨美关系的发展并非一路坦途,其演进过程受到诸多因素的困扰。在这些因素中,墨西哥央地关系的变化为墨美关系的发展增添了复杂性。

首先,墨西哥的分权化改革为墨美关系的发展增加了阻力。如前文所述,中央政府不断下放权力到地方政府,助长了墨西哥蓬勃发展的社会运动,中央政府在应对这些运动时的不当手段容易造成外国政府批评的口实,如2005年年初布什总统指责墨西哥南部恰帕斯州存在人权问题。另外,央地分权程度的提高使墨西哥国内的暴力犯罪、毒品买卖以及黑帮活动变得十分猖獗,同时中央政府缺乏有效的应对方式,直接威胁到墨美边境地区的安全。基于这种担忧,2005年2月美国中央情报局在报告中声称墨西哥政府打击犯罪行动不力,给恐怖活动造成可乘之机。3月,美国联邦调查局局长罗伯特·米勒(Robert Miller)再次指责墨西哥边界存在严重安全隐患,甚至斥责墨西哥已成为"基地"组织寻机进入美国的通道。来自美国的批评迅速引起墨西哥政府的强烈抗议,福克斯总统当即表示墨西哥决不接受别国的施压与威胁。墨美关系出现明显裂痕。② 其次,墨西哥中央—地方权力分配新格局对于墨美关系的发展也并非完全

---

① 谌园庭:"墨西哥与美国关系:变化与前景",《拉丁美洲研究》2007年第6期,第23—27页。
② 徐世澄主编:《美国和拉丁美洲关系史》,社会科学文献出版社2007年版,第274页。

是负面因素。随着墨西哥央地关系的平衡性增强，墨西哥公民社会和相关的社会组织得到发展壮大，这在一定程度上可以缓和墨美的紧张关系。在墨西哥同美国的双边关系中，两国公民扮演着越来越重要的角色。例如，"可以证明，美墨边境地区许多有组织的社团机构有助于两国增进了解。这些机构通常会选定一个特定的目标，如环境保护，这样它们就逐步学会把注意力集中在两国共同面临的问题上"。[①] 可见，墨西哥央地关系的变化并非沿单一路径影响墨美关系的发展，它为两国的双边关系注入了诸多不确定性因素，包括正面的和负面的因素。再则，墨西哥央地关系虽逐渐趋稳，但仍处于动态调整之中。所以，墨美关系的发展会受到这种处于动态调整的央地关系的影响，在总体良好的态势中会掺杂一些不和谐的表现。

四、几个值得注意的问题

（一）对墨西哥中央—地方关系中不同层级的理解

大体上来说，墨西哥的行政层级可划分为三级：联邦政府、州政府和市政府。本书聚焦于联邦政府和州政府的关系，所以相关分析大多集中于国家层面。各州内部的权力分配格局，如州政府同市政府的关系虽不是本书分析的重点，但仍有必要在此做一简要说明。

墨西哥各州内部的民主化程度差异巨大。在杰奎琳·皮查尔德

[①] ［墨］西尔维娅·努涅斯·加西亚、［美］曼努埃尔·查韦斯："当前美墨关系面临的挑战"，《拉丁美洲研究》2011 年第 6 期，第 27—30 页。

(Jacqueline Pechard)看来,墨西哥各州呈现出碎片化的迹象,"对于一些州来说,多元化的发展促进了民主化进程。对于其他州,旧有的或新出现的霸权体系阻碍了这些州朝着更为多元化的方向发展,也不利于其选择竞争性选举制度。还有一些州,虽然传统的执政党仍然在位,却致力于提高执政的信度,客观上推动了选举制度的民主化改革。结果,有部分州虽然实现了政党轮替,但新上台的政党重新构建了新的霸权体系,阻碍了民主化进程的进一步发展。这就是墨西哥政坛上虽出现了新的元素,但决策过程并未及时更新,旧有的政治行为仍然存在的原因"。①

从理论上说,中央政府对州政府的放权有利于州政府获得主宰本州事务的更大自主权,但这并不代表着州政府一定会延续自上而下的分权进程——将权力下放到市政府。相反,权力下放的链条在不少州政府处发生断裂,从而导致州政府对州内事务的集权。在实践过程中,还有另外两个因素导致州政府的集权。其一,州政府的领导层,特别是州长力图使来自中央政府的影响减至最小,以便维持其在权力分配中的优势地位。② 各州的反对党派经常依靠该党的中央机构来增加它们在地方竞选的实力,这时若州政府能顶住压力,尽量排除来自其他党派中央机构的干扰,就很可能在地方竞争中立于不败之地。其二,州政府的领导层可以通过重建地方政府的制度体系来再掌握对权力分配规则的制定权。例如,州政府不一定同中

---

① Jacqueline Peschard, "Federal and Local Electoral Institutions: From a National to a Fragmented System", in Selee and Peschard, eds., *Mexico's Democratic Challenges: Politics, Government, and Society*, Washington DC: Woodrow Wilson Center Press, 2010, p. 69.

② Edward L. Gibson, "Boundary Control: Subnational Authoritarianism in Democratic Countries", *World Politics*, 58 (1): 101–132.

央政府保持一致,实行普选和秘密投票。事实上,选举制度在州一级经常被修改,甚至在个别州还经常出现暗箱操作、控制选票等问题。这样一来,反对派就更容易被排除在权力体系之外。①

以瓦哈卡州为例,在墨西哥分权化改革启动之前,该州的政权基础由两部分构成:1917年墨西哥宪法规定的联邦政府与州政府的权力分配,以及传统上由军事领袖在特定领域建立的个人联系。② 进入20世纪80年代,民主化进程的开启使瓦哈卡州面临着民主抑或集权两种制度体系的选择。1986—1992年,该州州长由来自革命制度党的赫莱迪欧·拉米雷斯·洛佩兹(Heladio Ramírez López)担任。他沿用革命制度党在中央政府职团主义的做法,试图以此建立家长式的权力结构体系。③ 中央政府实行新自由主义政策之后,对不少经济部门进行了私有化改革,洛佩兹趁此机会在地方建立了替代性部门,扩大自己权力的影响范围。咖啡一直是瓦哈卡州的主要出口产品,1989年在他的推动下建立了咖啡的州级代理机构,以此取代了联邦政府在该州咖啡领域的领导权。这样,瓦哈卡的咖啡种植户就绕过了联邦政府,直接与州政府协商贷款、储

---

① Jonathan Fox,"Latin America's Emerging Local Politics", *Journal of Democracy*, 1994, 5 (2): 105-116.

② Alicia H. Chávez, Federalismo y gobernabilidad en México, in Marcello Carmagnani, ed., *Federalismos latinoamericanos*:*México/Brasil/Argentina*, Mexico City: Fondo de Cultura Económica-El Colegio de México, 1993, pp. 263-299.

③ Margarita Dalton, *Breve historia de Oaxaca*, Mexico City: Fondo de Cultura Económica-El Colegio de México, 2004,转引自 Julián D. Herrmann, Neo-Patrimonialism and Subnational Authoritarianism in Mexico. The Case of Oaxaca, in *Journal of Politics in Latin America*, 2010, 2 (2): 85-112。

存和交易方面的事宜。① 另外，洛佩兹与其继任者们力图将教师纳入权力体系中。依靠来自中央教育权力的下放，瓦哈卡政府给予教师大量资源，如大幅提高工资、增加教师工会在州内教育问题上的话语权等。作为回报，教师有义务在政府和社会组织之间进行调停，以使整个权力体系能够正常运行。② 这种州级的职团主义体系对于州政府来说完全是一种新的制度创设。通过消除来自中央政府的影响以及创设自己的制度体系，瓦哈卡州在州级层面上保持了集权的色彩。

（二）央地权力分配与可治理性关系的分析

中央政府向地方政府下放权力大体上符合墨西哥民主化进程的轨迹，有利于提高地方政府的民意代表，增强地方的活力，促进地方乃至整个国家的经济发展。但也应注意到，中央与地方权力分化程度的提高与该国可治理性的提升并无严格的关系。实际上，自分权改革以来，墨西哥的可治理性问题就是整个社会的一大难题，突出地表现在以下几个方面。

1. 政党分化导致执政党政策难以获得议会支持

墨西哥的民主化集中体现在国家的选举上，特别是总统大选。墨西哥的总统大选不涉及第二轮选举，即不要求胜选者必须得到超

---

① Julián D. Herrmann, Neo-Patrimonialism and Subnational Authoritarianism in Mexico. The Case of Oaxaca, in *Journal of Politics in Latin America*, 2010, 2 (2): 85 – 112.

② Martínez Vásquez, Víctor Raúl, Financiamiento y endeudamiento de la educación en Oaxaca, in Claudio Sánchez Islas, ed., *Voces de la transición en Oaxaca*, Oaxaca: Carteles, 2004, pp. 173 – 178.

过半数的投票，这意味着执政者很可能面临民众基础薄弱的困境。自 2000 年以来，总统大选变得更为自由公平，每次大选都会出现激烈角逐。在 2000 年和 2006 年大选中，没有任何人的得票率高过 50%。三个主要政党的竞争渐趋白热化，使执政者几乎不可能在参众两院获得绝对多数的支持，这直接导致许多重大政策难以获得议会通过。总统不得不寻求其他方式，如通过面对面的方式直接争取民众支持、操纵媒体报道、加强行政权威，甚至依赖军队和警察达到自己的政治目的。① 从这个意义上说，墨西哥的分权化改革进程本身就孕育着非制度化的因素，容易导致一定程度的另类集权。

2. 墨西哥经济面临更多掣肘

墨西哥央地权力分配格局在一定意义上促进了该国，尤其是其边境省份同美国的经济来往，但这也导致了另一个非常难堪的局面，即墨西哥经济对美国的依赖性不断增强。据统计，在 2009 年，墨西哥超过 81% 的出口收入来自同美国的贸易，该比例远远高于巴西和智利的 10%—11%、哥伦比亚的 32% 和危地马拉的 40%。② 对于美国的高度依赖大大限制了墨西哥政府对本国经济的主导权。

3. 贫穷与贫富分化加剧成为困扰政府的难题

墨西哥央地分权在一定程度上恶化了社会的贫困问题，也使贫富分化进一步加剧。虽然始于 20 世纪 80 年代的经济自由化刺激了

---

① Peter H. Smith, "Mexican Democracy in Comparative Perspective", in Roderic A. Camp, ed., *The Oxford Handbook of Mexican Politics*, New York: Oxford University Press, 2012, p. 85.

② International Monetary Fund, Direction of Trade Statistics, www 2. imfstatistics/org/DOT/. 转引自 Mexican Democracy in Comparative Perspective, p. 13。

经济总量的增长，但同时也提高了社会财富集中化的程度。政府的公共开支紧缩加上经济私有化使公共部门的建设显得捉襟见肘，导致就业岗位的提供明显不足，与此同时各种劳工联合会的影响力也有所下降。在萨利纳斯任总统时，私有化使财富迅速向大型工业集团和金融巨头集中。90年代中期，该国已经拥有24位亿万富翁，该数目超过英国、法国和意大利的总和。① 由此，贫富分化成为墨西哥极度严重的社会、伦理和政治问题。

4. 日趋严重的腐败问题

在21世纪的头10年中，虽然墨西哥政府致力于建设一个合法、公正、有效、有序的国家，但不少学者认为，该国在这10年中更为突出的特征却是治理腐败不力。这直接损害了执政党的民众基础，也让人质疑民主化进程的意义和目的。② 如果以0—10分为区间来评判21世纪头10年墨西哥的清廉指数，可以发现墨西哥的腐败问题并未得到有效治理（参见图4—11）。

从图4—11可以发现，智利的清廉指数从2000年的7.5下降到2009年的6.7，在几个拉美国家中遥遥领先；巴西在2000年位居第二，2009年和哥伦比亚共同保持在第二位。相较而言，墨西哥的情况比较严重，在2000年和2009年的两次统计中排名都非常靠后。

墨西哥长期的腐败问题和该国的毒品走私犯罪密切相关。墨西

---

① Mark Eric Williams, "The Path of Economic Liberalism", in Roderic A. Camp, ed. , *The Oxford Handbook of Mexican Politics*, New York: Oxford University Press, 2012, p. 26.

② Stephen D. Morris, *Political Corruption in Mexico: The Impact of Democratization*, Boulder, Colo. : Lynne Rienner, 2009, p. 8.

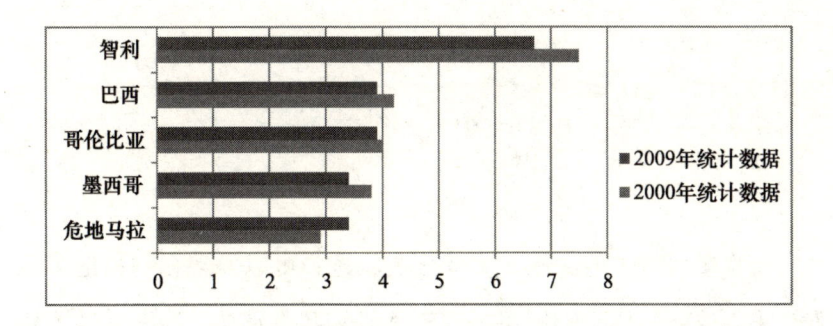

图 4—11　部分拉美国家 2000—2009 年的清廉指数变化趋势图

资料来源：Transparency International Annual Reports, 2001 and 2010, www.transparency.org.

哥的毒贩暗中与哥伦比亚毒枭联手，控制了进入美国将近90%的可卡因。21世纪初，毒品交易主要由位于锡那罗亚、蒂华纳、海湾地区、米却肯的几个庞大的贩毒组织所控制。因毗邻美国这个全球最大的毒品消费市场，墨西哥毒贩每年可从中获利上百亿美元。严重的毒品问题又催生出其他暴力犯罪等社会问题。这些问题为两届国家行动党的总统制造了不少麻烦。

墨西哥严重的可治理性危机降低了人们对民主化进程的期待指数，这从墨西哥民众的投票率可见一斑。与智利、巴西等国80%的公民投票率有较大差距，墨西哥的公民投票率为60%左右，这还是政府采取强制措施后的结果。据统计，有40%的墨西哥成年公民不能或不愿意进行投票。[1]

---

[1] James A. McCann, "Changing Dimensions of National Elections in Mexico", Roderic A. Camp, ed., *The Oxford Handbook of Mexican Politics*, New York: Oxford University Press, 2012, p.503.

◆ 小　结 ◆

观察墨西哥央地关系几次变化的轨迹，可以发现影响央地关系发生重大改变的核心动因包括现实危机和政党结构。这两大动因相互作用，形成合力影响着央地关系的发展趋势。同时，央地关系的改变也会反作用于动因本身。具体来说，一方面，现实危机的出现暴露出墨西哥现行政治体制的缺陷，引起政党结构的调整，继而改变原有的央地关系格局；另一方面，调整之后的央地关系格局会表现出新的生命力，有利于优化以政党结构为核心的政治体制，从而增强对危机的抵御能力。

在此动因机制的作用下，从总体上说，墨西哥的政治体制不断完善，表现出革命制度党不再"一党独大"，选举制度渐趋成熟，联邦制度逐渐完善以及市民社会逐步形成，央地关系呈现"稳中求变"的趋势。另外，央地关系的变化对该国的经济、社会和外交方面也产生了广泛影响。

第五章　墨西哥央地关系的未来展望

◆ 第一节　央地关系总体上的分权趋势 ◆

一、民主化进程的推动

塞缪尔·P. 亨廷顿（Samuel P. Huntington）在《第三波——20世纪后期民主化浪潮》一书中将世界民主化进程分为三个阶段：第一阶段是从19世纪初到1920年止，民主在大约30个国家取得胜利；第二阶段是从二战后到20世纪60年代初，在经历了20—30年代威权主义和法西斯的兴起之后，世界的民主国家又增加到30个以上；第三阶段是以1974年葡萄牙废除军事独裁，确立民主政体为开端，历经20世纪最后二十几年，全世界采用民主政体的国家比例迅速占据了绝对优势。[①] 从整体上看，民主政治符合人类社会的梦想与追求，它合乎世界大势，顺乎时代潮流。世界性的民主浪潮为很多

---

① ［美］亨廷顿著，刘军宁译：《第三波——20世纪后期民主化浪潮》，上海三联书店1998年版，第2页。

发展中国家的政治变革提供了历史契机，开辟了道路，打开了通往民主的大门，为实现政党民主打下了良好的基础。① 联合国前秘书长布特罗斯·加利（Boutros Boutros-Ghali）认为，世界上各个国家在政治、经济、社会、文化和历史等各方面都有所不同，这自然意味着不同国家对待民主问题存在不同的观念和看法，但总的来说，人们普遍意识到民主是处理人类社会许多问题的办法，对于维护人民权利和社会稳定非常重要。② 所以，第三波民主化浪潮在广度和深度上都远远超越了前两次，而且这种趋势大有继续深化的势头。

进入 21 世纪，不断加速的全球化趋势也助推了世界范围的民主化进程，造成民主的"多米诺骨牌效应"。民族国家间的相互联系、相互影响空前加深，造成牵一发而动全身的局面，世界上任何国家和地区发生的问题都会瞬间传遍全球，并对其他国家和地区产生影响。也就是说，当今世界的全球化极易造成政治事件的全球蔓延和扩散。一个国家出现民主化的端倪，就会产生示范效应和"滚雪球效应"，刺激、推动其他国家努力实现政治的民主变革，从而造成"多米诺骨牌效应"。以美国为代表的西方国家利用全球化的时机，加紧推行其民主模式，为这一波民主化浪潮起到了推波助澜的作用。③

当然，民主化进程与中央向地方分权并非同一概念，前者属于管理国家事务的政治制度的改善与发展，而后者则聚焦于不同层级

---

① 祁刚利著：《政党民主论》，中央编译出版社 2011 年版，第 237 页。
② [埃] 布特罗斯·加利著：《世界化的民主化进程——加利答伊夫·贝尔特罗问》，南京大学出版社 2003 年版，第 118 页。
③ 祁刚利著：《政党民主论》，中央编译出版社 2011 年版，第 234 页。

政府间的权力分配问题。尽管如此，二者的共性也很重要，不可忽视。不论是民主化进程还是中央向地方分权，其实质都是权力自上而下向底层的扩散，均有利于普通民众掌握决定国家前途和自身发展的权利。由此，世界民主化的总体进程为各国内部政治发展奠定了基础和背景。

二、墨西哥政党结构的调整结果

如前文所述，墨西哥的央地关系与该国的政党结构关系密切。从墨西哥革命结束到20世纪20年代末属于"政党羸弱"阶段，墨西哥国内并未实现政党政治，政党远非解决国内政治事务的主角，因此央地关系涣散并带有极大的不确定性。革命制度党的创建和壮大直接导致墨西哥政治权力向中央集中，所以墨西哥"政党强化"与"中央集权"具有一定意义上的同步性。自20世纪80年代初以来，墨西哥开始了大规模的中央向地方分权的进程，其间政党结构也进行了深刻变革，由"一党独大"逐步转向"三党鼎立"。这个阶段的"政党分化"和"央地分权"仍具有同步性。可见，墨西哥的政党结构与央地关系在不同阶段均呈现出某种程度的同构性，政党结构的集权或分权直接决定着中央政府与地方政府的权力分配状态。从2012年大选结果看，由墨西哥革命制度党和绿色生态党组成的"对墨西哥承诺"竞选联盟候选人、革命制度党人培尼亚·涅托得到38.21%的选票；由民主革命党、劳工党、公民运动组成的选举联盟"进步运动"提名的候选人洛佩斯·奥夫拉多尔居第二位，得票率为31.59%；国家行动党的候选人巴斯克斯·莫塔得票率第三,为 25.41%。① 从未来的发展态势看,墨西哥"三党鼎立"的局面还将长期持续下去,虽然革命制度党在 2012 年大选中获胜,但已不可能再回到 20 世纪大部分时间一党独霸墨西哥政坛的地位,因促成其一党独大的因素,如进口工业替代化发展模式、职团主义结构、革命制度党与国家的连生关系等已发生异化或不复存在了。②

从实践上看,重新上台的革命制度党坚持了在野时期的民主努力。2013 年 12 月,总统涅托向国会提出一揽子关于政治和选举改革的方案,他强调这次改革的目的是加强国家的民主性,推进国家的现代化发展进程。政治改革法总共包含 13 点,其中涉及到中央—地方关系的分别是第 2 点,地方议员和市长可以连选连任;第 4 点,成立全国选举委员会,取代现有的联邦选举委员会,其规定新的全国选举委员会的成员总数为 11 人,不负责所有的选举,只负责联邦选举,同时负责与各州协调地方选举;第 5 点,取消国会对州选举机构的监督,从而让地方选举机构获得更多自由。从中可以看出,再次执政的革命制度党延续了墨西哥分权化改革的进程,各州在选举事务上拥有更大的自主权。③

从世界政治发展的总趋势和墨西哥将来长时期的政党结构来看,墨西哥的央地关系将在总体上保持分权的趋势。

---

① 墨西哥联邦选举法院,http://www.ife.org.mx/portal/site/ifev2/Proceso_Electoral_Federal_2011 - 2012/。
② 靳呈伟:"墨西哥革命制度党重新执政的初步思考",《重庆社会主义学院学报》2013 年第 2 期,第 80—84 页。
③ 徐世澄:"墨西哥涅托政府执政以来的重大改革初析",《拉丁美洲研究》2014 年第 2 期,第 3—8, 16 页。

◆ 第二节 央地关系继续调整的态势 ◆

墨西哥央地关系在未来可能并非沿着单向发展，在总体分权的趋势下，仍有集权的可能性，不过这种集权应该是在一定范围内的有限集权。之所以存在"有限集权"的可能性，是出于墨西哥威权体制的传统和应对突出社会问题的需要。

一、墨西哥威权体制传统的影响

墨西哥的威权体制传统以革命制度党独霸政坛 70 余年，特别是以总统集权为显著特征。在 20 世纪大部分时间里，总统的超级权力并非由宪法所赋予，而是来自具有明显等级特征的政党对于政治权力的垄断。宪法中所规定的三权分立只具有形式上的意义，在实际政治生活中，由总统掌握的行政权很难受到司法与立法机构的制衡，这种政权体制被称为"六年一度的、横向世袭的、独断专行的君主制"。[1] 虽然总统的非正式权力（即非宪法授予的权力）在 2000 年大选时因反对党上台执政而消失，但墨西哥长期以来营造出的超级行政权的政治文化并没有随着政党轮替而消失。革命制度党的威权传统继续影响着墨西哥的政治制度体系。2000 年大选实现的政党轮替并不能保证墨西哥的"政党独裁"会在将来完全销声匿迹以及成

---

[1] 徐世澄著：《拉丁美洲政治》，中国社会科学出版社 2006 年版，第 290 页。

熟稳定的市民社会中产生。①

从革命制度党本身来说，虽然其下野之后提高了对民主制度的认可度，出台的选举改革法也体现了诸多下放权力的特征，但是基于该党在20世纪长期独霸政坛而形成的威权体制传统，墨西哥也面临着加强中央集权的可能性。除此之外，有学者认为一些外部因素也可能导致墨西哥的民主危机。外部因素主要包括既得利益者为了维护自身利益，很可能会想方设法阻挠民主化改革进程。受制于这种外部压力，革命制度党很难在民主建设方面有明显成果，甚至不排除加重民主危机的可能。②

二、应对突出社会问题的困扰

（一）贫困和财富分配极不平衡

2010年，在所有OECD国家中，墨西哥的收入分配最不平等，基尼系数排名第一。在这一年中，墨西哥最贫穷的40%家庭的收入增长了17.7%，但是最富的10%家庭的收入增长了29.7%，贫富差距被进一步拉大。该年墨西哥贫困人口增长了320万，是拉美地区贫困人口增长最多的国家之一。贫困人口占总人口的36.3%，高于拉美地区31.4%的平均水平。其中，绝对贫困人口占总人口的

---

① Kevin Middlebrooke, *Party Politics and the Struggle for Democracy in Mexico: National and State-Level Analysis of the Partido Acción National*. CA: Center for U. S. – Mexico Studies, University of California, San Diego, 2001, p. 41.

② 靳呈伟："墨西哥革命制度党重新执政的初步思考"，《重庆社会主义学院学报》2013年第2期，第80—84页。

13.3%，高于拉美平均数 1 个百分点。① 相比之下，在社会财富的另一端，墨西哥又有着富人俱乐部，其中包括大名鼎鼎的世界巨富卡洛斯·斯利姆（Carlos Slim）。除了不同阶层人群财富分配不平衡外，墨西哥还面临严重的地区发展不平衡问题。其临近美国北部和中部地区的人类发展指数已接近欧洲国家的水平；而南部 9 个州聚集着全国 70% 以上的印第安人，发展水平只能与中美洲国家的发展水平相当，这里穷人的生活与中产阶层相比有着天壤之别。②

要缓解贫富分化问题，离不开中央对全国的统一部署。中央政府在思考如何将社会财富这块"蛋糕"做大的同时，更要考虑如何保证更为公平合理的财富再分配。要调剂贫富两端的收入差距以及在不同区域实行具有差异性的转移支付制度，客观上要求中央政府必须进行一定程度的集权。否则，若任由地方政府削减中央政府的权力，民众的贫富差距和区域性的发展水平差异将愈演愈烈。

（二）毒品和暴力犯罪成为社会毒瘤

2000 年福克斯执政后，墨西哥联邦立法机构和州长确信如果总统足够明智，他一定会利用权力杠杆试图恢复传统上的总统权力。为了防止出现这种趋势，立法议员和州长们都特别珍惜来之不易的决策权，并且持续致力于扩大自己的权力范围，某些时候甚至以不

---

① CEPAL, *Panorama Social de América Latina 2011*, Santiago de Chile, Diciembre 2011, p. 13.

② 方旭飞："涅托的执政理念及革命制度党的执政前景"，《拉丁美洲研究》2012 年第 5 期，第 23—26 页。

惜牺牲国家的可治理性为代价。① 这样做的结果是：一方面，州政府的权力得到了保证和稳固；另一方面，墨西哥的诸多社会问题在政治权力分散化的背景下成为中央政府的心腹大患。

2006年，国家行动党的卡尔德龙执政后，面对层出不穷的毒品问题，主要通过强化国家安全部门的力量，如在全国范围内部署警察和军队来打击贩毒组织。但是，卡尔德龙的强硬政策并未彻底解决毒品问题，反而使这个问题更加复杂化，表现在以下几个方面：第一，墨西哥的毒品产量因贩毒集团的分裂而迅速增加。在持续的军事打击和贩毒集团内讧的作用下，墨西哥的毒品卡特尔不断分裂为较小的组织。据统计，墨西哥国内一共有7个大规模的毒品卡特尔，这些大集团现在已经分裂为12—20个规模较小的组织。在这些组织中，锡那罗亚卡特尔和洛斯哲塔斯卡特尔规模最大，势力遍及墨西哥全境。② 2009年，墨西哥的罂粟种植面积是195平方千米，相当于2006年的三倍，该国大麻和鸦片的产量分别位居世界第一和第二位。③ 第二，墨西哥毒品问题催生了其他暴力犯罪，恶化了国内安全形势。墨西哥与毒品相关的暴力犯罪案件频发，犯罪手段残忍至极，包括切头、曝尸荒野、杀戮清白的旁观者、汽车炸弹、酷刑折磨以及暗杀为数众多的记者和政府官员。有组织的犯罪集团分散

---

① Pamela K. Starr, "Authoritarian Inheritances and Mexico's Incomplete Democratic Transition", the paper expanding upon remarks delivered at the second session of the Mexico Under Calderón Task Force, June 24, 2010, pp. 3–6.

② June S. Beittel, "Mexico's Drug Trafficking Organizations: Source and Scope of the Violence", CRS Report for Congress, R41576, April 15, 2013, pp. 8–9.

③ United States Department of State, *International Narcotics Control Strategy Report*, Vol. I, March 2012, p. 23, 转引自卢玲玲、闫伟："墨西哥毒品问题及其未来走向"，《现代国际关系》2013年第3期，第36—41页。

在墨西哥各地,敲诈、绑架、汽车盗窃、贩卖人口等严重威胁着民众的正常生活。[1] 第三,墨西哥的毒品问题成为严重影响地区稳定的因素。墨西哥是当今世界最大的毒品生产国,美国成为最大的毒品消费国。墨西哥贩毒集团的毒品销售网络深入到美国多个地方,一定程度上导致了美国某些城镇犯罪率的上升。除了美国,墨西哥贩毒势力还扩散到中美洲和南美洲北部国家,威胁着这些国家的安全局势。[2]

可见,对付毒品犯罪问题不能只靠"以暴制暴"的方式。随着毒品卡特尔在军队高压打击下逐渐碎片化,打击毒品犯罪的权力也需要进行一定程度的分散化,以提高治理这类社会问题的效率。在中央政府的统一部署下,各地方政府应拥有足够的权力和资源来应对具有当地特色的社会治安问题。

◆ 第三节 央地关系总体趋稳及其后果 ◆

一、墨西哥政治制度抵御危机的能力加强

如前文所述,决定墨西哥央地关系的两大核心因素是现实危机和政党结构。历史上,墨西哥每一次出现央地关系的重大转折都是由于受到了现实危机的困扰。危机暴露出这一时期墨西哥政党结构

---

[1] June S. Beittel, "Mexico's Drug Trafficking Organizations: Source and Scope of the Violence", CRS Report for Congress, R41576, April 15, 2013, p. 1.
[2] 卢玲玲、闫伟:"墨西哥毒品问题及其未来走向",《现代国际关系》2013 年第 3 期,第 36—41 页。

的弊端,特别是其不符合时代要求的缺陷,进而引发政党结构的调整。由于墨西哥政党结构与央地关系具有某种意义上的同构性,央地关系也随之发生改变。经过这种变革过程之后,墨西哥政治制度抵御危机的能力得到加强,这就是央地关系的变化程度会随着时间发展呈现出逐渐减小的趋势的原因。

二、墨西哥政治有序性提升

墨西哥自启动分权化改革以来,每逢大选都或多或少要面对反对党对于选举结果的质疑,有的甚至公然组织支持者进行抗议示威,尤以 2006 年大选最为突出。该年 7 月大选后,民主革命党候选人奥夫拉多尔完全不接受自己的失败,坚决不承认卡尔德龙成为墨西哥合法总统。从 7 月底开始,他的支持者以墨西哥城的改革大道和宪法广场为中心,发起静坐活动以示抗议,要求权威机构再次"一张一张地"计票。更有甚者,9 月 16 日,共计 120 万示威者为了支持奥夫拉多尔,在宪法广场召开"全国民主大会"。会上奥夫拉多尔自封"合法总统",建立与联邦政府并列的"平行政府",并于 11 月 20 日"宣誓就职"。在 12 月 1 日卡尔德龙正式就任总统的当天,民主革命党议员在国会发起抵制活动,不少议员强行占领主席台,甚至与国家行动党的议员们大打出手。[1] 反观 2012 年的总统选举,奥夫拉多尔再次被提名为候选人,在大选中输给涅托 6.62 个百分点。虽然这一次他同样不接受选举结果,认为其

---

[1] 徐世澄著:《墨西哥革命制度党的兴衰》,世界知识出版社 2009 年版,第 192 页。

中有舞弊现象，但比起 6 年前，其戾气已收敛了许多，墨西哥也没有出现 2006 年那样大规模的抗议示威和国会争斗现象。通过比较政党轮替时期对各方选举结果的态度，可以发现参加竞选的各个党派对民主选举制度持更加支持和包容的态度，更能接受这种民主化的"游戏规则"。①

三、墨西哥制度化水平提高

进入 21 世纪后，在中央和地方权力关系做出调整的背景下，墨西哥民主呈现出制度化和成熟化的态势。以地方选举为例，墨西哥的特殊之处在于，革命制度党虽然于 2000 年下野，但在地方层面仍保持着强劲实力。2000 年，革命制度党控制着 56% 的州政府和将近 70% 的市政府。不少学者认为革命制度党对地方层面的控制力来自于庇护主义。② 这解释了革命制度党对某些州的控制特别牢固，很少受到来自反对党的挑战的原因。但是在 2012 年的地方选举中，地方政府官员要想通过个人因素来决定胜选者变得越发困难，党派之间的联合成为获得地方选举胜利的有效途径。这些变化表明了墨西哥联邦制度改革的方向，也是考察墨西哥在"后威权时代"政党制度

---

① Helder F. Vale, Isabel Wences, "The 2012 Elections in Mexico: The Birth of a Consolidated Federal Democracy?", *Regional and Federal Studies*, 2014, 24 (1): 109 – 121.

② 简单来说，即以政治权力分享为条件换取选票支持。详见 Jonathan Fox, "The Difficult Transition from Clientelism to Citizenship: Lessons from Mexico", *World Politics*, 1994, 46: 151 – 184.; Jonathan T. Hiskey, "Local Context and Democratization in Mexico", *American Journal of Political Science*, 2005, 49 (1): 57 – 71.; Tina Hilgers, "Causes and Consequences of Political Clientelism: Mexico's PRD in Comparative Perspective", *Latin American Politics and Society*, 2008, Vol. 50, No. 4, pp. 123 – 153。

的重要参考对象。①

另外,从政治制度的发展历史上看,墨西哥的政治制度在过去30年确实发生了重大变革,但正如前文提到的,还是有传统性的制度因素保留了下来,如威权主义和庇护主义传统。从一定意义上说,这种新老制度的交融恰恰是保证墨西哥政治稳定发展不可或缺的条件。换言之,墨西哥的政治制度变革是渐进性的、按照一定步骤有序发生的,而非釜底抽薪式地将过往的一切推到重来。这种融合了新老元素的政治体制也表明墨西哥的央地关系在将来会呈现稳定的发展趋势。

第四节 央地关系短期波动的可能性

在严重危机的冲击下,央地关系可能会呈现短期波动的特征。从历史上看,20世纪20—30年代墨西哥央地关系由混乱走向稳定是在政治危机的环境下发生的;80年代初开始的大规模分权式改革是由经济危机催生的;21世纪初央地关系的动态调整是由前期分权改革的惯性和严重社会危机共同导致的。由此可见,因为墨西哥央地关系的变更通常由危机引发,所以在央地关系总体稳定的大趋势下也存在短期内波动的可能性。这些危机的来源包含:外部因素,如国际局势的改变、世界经济再次遭受重创等;也包含内部因素,如

---

① Helder F. Vale, Isabel Wences, "The 2012 Elections in Mexico: The Birth of a Consolidated Federal Democracy?", Regional and Federal Studies, 2014, Vol. 24, No. 1, pp. 109 – 121.

政策不得民心、政治权力过于分散化、经济萎靡不振甚至倒退、社会安全问题长期得不到解决等。从危机的类型上看，包括政治、经济、社会危机，同时也不能排除自然因素，如地震、洪水、大规模的环境破坏等。

在权力总体呈分散状态的体系下，一旦危机爆发，受到危机威胁或伤害的群体自然需要在第一时间得到救助，此时政府的行为决定着解决危机的效率和结果，也直接关系着执政党的未来选票。从深层次上说，政府化解危机的能力或民众对政府解决危机能力的认可程度并不能直接决定墨西哥走向中央集权或地方分权，而只是民众判断现行的央地权力分配体系是否需要继续存在的标准。具体来讲，如果政府的执行力够强，能够有效化解面临的危机，不管该国本来侧重于中央集权还是地方分权，都会获得较高的认可度，从而使央地关系呈现稳定态势；反之，如果当前政权体系无法有效解决危机，则央地关系将进行反方向的调整，不排除在短期内产生强烈波动的可能性。

◆ 小　　结 ◆

在未来，墨西哥央地关系在总体上将保持分权的趋势，同时在该国威权体制传统和突出的社会问题的制约下，央地关系将继续处于不断调整的态势。从变化的程度来看，由于墨西哥政治制度抵御危机的能力增强、政治有序性得到提升以及制度化水平提高，央地关系的发展将总体趋稳。但是，这并不排除在严重危机的冲击下，央地关系可能会呈现短期波动的特征。

结　语

　　世界局势在不同历史阶段呈现出特色鲜明的发展主题。从权力的集中程度来说，冷战之后的世界兼具"分散"与"融合"的特点。"分散"主要表现为政治多极化。虽然美国的综合国力仍然领跑全球，但不可否认的是其国际地位已相对下降。新兴国家的国力正在上升，共同的发展使命加强了彼此间的合作，进而形成越发成熟的国际合作机制，推动国际权力分配向均衡的方向发展。与此同时，国际行为主体也呈现出多样化的趋势。全球各地的区域性组织和非政府组织日趋活跃，显示了较强的生命力。[①]

　　"分散"为"融合"提供了前提条件。"融合"主要表现为经济全球化与文化多元化。经济全球化是国际分工进一步加深的客观要求。交通和信息技术的迅速更新换代为资本、技术、劳动力等生产要素在全球范围内的优化配置提供了条件，有利于各国凭借自己的资源发挥比较优势。经济全球化催生了新兴市场国家的崛起，这进

[①] 《中国马克思主义与当代》编写组：《中国马史思主义与当代》，高等教育出版社2012年版，第37页。

一步强化了政治多极化的趋势。文化多元化也是当今世界发展的自然结果和客观要求。在权力分散化的背景下,各民族文化"各美其美,美人之美,美美与共,和而不同",体现了世界文化发展的价值理性和整体趋势。[1]

在世界权力分散化的大背景下,墨西哥的中央—地方权力关系也体现出相似的发展轨迹。自1917年颁布现行宪法后,墨西哥历经十几年形成了现代意义的政党政治,将国内的政治生活并入体制的轨道。1934年卡德纳斯上台后,通过国有化改革和逐渐成熟的职团主义体系,革命制度党逐渐将大权独揽,成为名副其实的官方党。随着第三波民主化潮流的开始,墨西哥于20世纪80年代开启了大规模分权的进程。在政治、经济、社会各个领域,中央政府都以立法或颁布政策的形式向地方政府下放了大量权力。权力的下放激活了经济,促进了社会财富总量的增长,但同时也激化了本已存在的社会问题。贫穷、财富分配不公、以毒品为首的暴力犯罪等问题成为民怨沸腾的来源,也成为各级政府的心腹大患。为了解决不断恶化的社会问题,一个更有力的中央政府便成为客观需要。于是,墨西哥中央政府在总体分权的态势下又采取措施进行了权力的有限回收。

墨西哥的中央—地方权力关系在四个阶段[2]里进行了三次变动,每一次权力关系变动的幅度较上一次逐步减小,呈现出趋稳的发展

---

[1] 李宗桂著:《当代中国文化探讨》,花城出版社2012年版,第334页。
[2] 四个阶段是指:央地关系从混乱到稳定阶段(1917—1934年)、央地关系从稳定到集权阶段(1934—1982年)、央地关系的松动与分权阶段(1982—2000年)、央地关系的动态调整阶段(2000—2012年)。

态势。这和央地关系变化的动因机制有关。引发每次央地关系变动的核心动因包括现实危机和政党结构。现实危机在不同历史时期分别表现为政治危机、经济危机和社会危机。这三次危机加速暴露了墨西哥政治体制，特别是政党结构中的严重缺陷，促使其做出调整以适应新形势下的时代要求。每一次政党结构的调整都为墨西哥的政治生活注入了新的活力，增强了其应对危机的抵御能力。从另一个角度来看，墨西哥的制度化水平有所提高，政治稳定性加强，央地关系的变动幅度自然也就呈逐渐减小的趋势。

作为发展中国家阵营的一员，墨西哥央地关系的变迁在当今世界并非个案。作为全球最大的发展中国家，中国的央地关系自新中国成立后相继历经了"集权制"下的"央主地从"、"分权制"下的"地方主义"和"分权—合作制"下的"央地共治"三个发展阶段。① 新中国成立后，建立强有力的中央政府是国家发展的前提。在废除了新中国成立初试行的大区制度后，中国参照苏联模式，实行计划经济，中央政府垄断了多项权力。1954 年颁布的《中华人民共和国宪法》第 49 条第六项规定："（国务院可以）改变或者撤销地方各级国家行政机关的不适当的决议和命令。"② 第 66 条指出："全国地方各级人民委员会都是国务院统一领导下的国家行政机关，都服从国务院。"③ 在这种体制下，中央政府垄断了资源再分配的权力，地方政府成为其代理机构。改革开放后，中国的央地关系逐渐走向

---

① 闫帅："公共决策机制中的'央地共治'——兼论当代中国央地关系发展的三个阶段"，《华中科技大学学报》2012 年第 4 期，第 68—74 页。
② 《中华人民共和国宪法》，人民出版社 1954 年版，第 19 页。
③ 同上书，第 25 页。

分权化的实践。20世纪80年代中国的分权改革主要体现为财政权和人事任免权的下放。凭借下放的财政权，地方政府能够发挥其更为积极的经济角色。人事任免权的下放突出表现在1984年干部制度的改革，以前的下管两级改为下管一级，建立了干部的分级管理制度，由此地方政府在人事任免上也拥有了较大自主权。[①] 这些改革措施提升了地方政府的积极性，但同时也弱化了中央的权威。以1992年中共召开十四大为标志，中国的央地关系进入第三阶段。十四大提出要合理划分中央与省、自治区、直辖市的经济管理权限，发挥中央和地方两个积极性。1994年进行了分税制改革，从一定程度上理顺了中央和地方的财权关系，增强了中央的宏观调控能力。[②]

从中国央地关系变迁的路径来看，也历经了"集权—分权—调整"几个阶段，这一点与墨西哥的经历相似。由此可以看出，对于一个国家特别是发展中国家来说，中央高度集权与地方高度分权都被证明是不可取的。要充分协调好集权与分权的关系，就必须确定集权和分权的内容，加强权力分配效果的监控以及提高中央和地方的依赖程度以营造和谐的权力关系氛围。[③] 在此过程中，要坚持实事求是的原则，客观理性地观察一个国家的发展现状，深刻理解文化背景、资源禀赋、发展模式与央地分权程度多个因素之间的关系，深入分析央地关系与可治理性之间的相关性，对盲目跟随西方发达

[①] 李燕毅：《央地关系与中国地方治理改革——基于新制度主义的思考》，《人民论坛》2014年第23期，第59—61页。

[②] 张晖：《央地关系变迁、分权与地方政府竞争——对中国经济增长动因的思考》，《商业时代》2011年第29期，第4—5页。

[③] 金太军、赵晖等著：《中央与地方政府关系建构与调谐》，广东人民出版社2005年版，第100—101页。

国家政治体制的思想倾向保持警惕。同时，要努力找出决定央地关系的核心动因并对动因做机制性的分析。这样做有助于理顺一国央地关系的发展轨迹和判断未来的发展方向。

参考文献

一、中文书籍

［埃］布特罗斯·加利著：《世界化的民主化进程——加利答伊夫·贝尔特罗问》，南京大学出版社2003年版。

安秀梅：《中央与地方政府间的责任划分与支出分配研究》，中国财政经济出版社2007年版。

薄贵利：《中央与地方关系研究》，吉林大学出版社1991年版。

谌园庭编著：《墨西哥》，社会科学文献出版社2010年版。

陈子明等：《现代政治学导论》，宁夏人民出版社1988年版。

楚双志：《晚清中央与地方关系演变史纲》，中共中央党校出版社2006年版。

丁声俊编：《反饥饿、反贫困、全球进行时》，中国农业出版社2012年版。

董礼胜：《欧盟成员国中央与地方关系比较研究》，中国政法大学出版社2000年版。

段育文著：《热钱阴谋》，重庆出版社2012年版。

《国际社会科学百科全书》第九卷，自由出版社1968年版。

管敬绪、黄鸿钊、郭华榕主编：《世界近代史》，南京大学出版社1991年版。

郝名玮、徐世澄著：《拉丁美洲文明》，福建教育出版社2008年版。

洪育沂主编：《拉美国际关系史纲》，外语教学与研究出版社1996年版。

胡康大：《欧盟主要国家中央与地方的关系》，中国社会科学出版社2000年版。

姜士林等主编：《世界宪法全书》，青岛出版社1997年版。

江时学主编：《拉美国家的经济改革》，经济管理出版社1998年版。

金太军、赵晖：《中央与地方政府关系建构与调谐》，广东人民出版社2005年版。

焦健著：《当代中国廉政制度预设新论》，天津人民出版社2006年版。

李金河主编：《当代世界政党制度》，中央编译出版社2011年版。

李景治著：《当代资本主义国家的政党制度》，福建人民出版社1993年版。

李宗桂著：《当代中国文化探讨》，花城出版社2012年版。

林被甸、董经胜著：《拉丁美洲史》，人民出版社2010年版。

林晨辉著：《危机时刻——二百年来的经济大动荡》，中央文献出版社 1988 年版。

林尚立：《国内政府间关系》，浙江人民出版社 1998 年版。

刘文龙著：《墨西哥通史》，上海社会科学出版社 2008 年版。

罗荣渠主编：《各国现代化比较研究》，陕西人民出版社 1993 年版。

卢中原主编：《财政转移支付和政府间事权关系研究》，中国财政经济出版社 2007 年版。

《马克思恩格斯选集》第 4 卷，人民出版社 1995 年版。

［美］亨廷顿著，刘军宁译：《第三波：20 世纪后期民主化浪潮》，上海三联书店 1998 年版。

［美］罗杰·希尔斯曼著，曹大鹏译：《美国是如何治理的》，商务印书馆 1986 年版。

［美］诺曼·R．奥古斯丁等著，北京新华信商业风险管理有限责任公司译：《危机管理》，中国人民大学出版社 2001 年版。

［美］乔治·萨拜因：《政治学说史》（下册），商务印书馆 1986 年版。

［美］尤恩、雷斯尼克著，沈维华等译：《国际财务管理》，机械工业出版社 2013 年版。

欧阳日辉：《宏观调控中的中央与地方关系》，中国财政经济出版社 2008 年版。

裴长洪：《发展中经济的外资利用》，中国工人出版社 1996 年版。

祁刚利著：《政党民主论》，中央编译出版社 2011 年版。

邱晓等主编：《政治学辞典》，四川人民出版社 1986 年版。

沈文莉、方卿主编：《政治学原理》，中国人民大学出版社 2010 年版。

史言信：《国有资产产权：中央与地方关系研究》，中国财政经济出版社 2009 年版。

孙关宏、胡雨春主编：《政治学》，复旦大学出版社 2002 年版。

孙若彦：《经济全球化与墨西哥对外战略的转变》，中国社会科学出版社 2004 年版。

田穗生、罗斌：《地方政府知识大全》，中国档案出版社 1994 年版。

王长江著：《现代政党执政规律研究》，上海人民出版社 2002 年版。

王美权主编：《美国战争动员与危机管理》，国防大学出版社 2007 年版。

文政：《中央与地方事权划分》，中国经济出版社 2008 年版。

吴敬琏等主编：《中国未来经济改革与发展路径》，中国经济出版社 2013 年版。

夏征农主编：《辞海》，上海辞书出版社 1989 年版。

谢庆奎、杨宏山：《府际关系的理论与实践》，天津教育出版社 2007 年版。

辛向阳：《百年博弈——中国中央与地方关系》，山东人民出版社 2000 年版。

徐世澄主编：《美国和拉丁美洲关系史》，社会科学文献出版社 2007 年版。

徐世澄著：《拉丁美洲政治》，中国社会科学出版社 2006 年版。

徐世澄：《墨西哥革命制度党的兴衰》，世界知识出版社 2009 年版。

徐世澄：《墨西哥政治经济改革及模式转换》，世界知识出版社 2004 年版。

杨海蛟：《新中国中央与地方关系沿革》，世界知识出版社 2011 年版。

杨顺娥：《地方财政理论与实践》，中国财政经济出版社 2010 年版。

[意] 萨托利著，王明进译：《政党与政党体制》，商务印书馆 2006 年版。

[英] 莱斯利·贝瑟尔主编：《剑桥拉丁美洲史》（第 7 卷），经济管理出版社 1996 年版。

曾昭耀：《政治稳定与现代化——墨西哥政治模式的历史考察》，东方出版社 1996 年版。

张才国：《新自由主义意识形态》，中央编译出版社 2007 年版。

张千帆：《国家主权与地方自治——中央与地方关系的法治化》，中国民主法制出版社 2012 年版。

甄炳禧：《债务：第三世界的桎梏》，世界知识出版社 1991 年版。

《中国马克思主义与当代》编写组：《中国马史思主义与当代》，高等教育出版社 2012 年版。

中国社会科学院语言研究所：《现代汉语词典（第五版）》，商务印书馆 2005 年版。

《中共中央关于全面深化改革若干重大问题的决定》，人民出版社 2013 年版。

《中华人民共和国宪法》，人民出版社 1954 年版。

朱丘祥：《分税与宪政——中央与地方财政分权的价值与逻辑》，知识产权出版社 2008 年版。

二、中文期刊

郑平生、郄鹏："论转型期的政府危机管理"，《重庆大学学报（社会科学版）》2005 年第 3 期。

张文魁："央地关系改革的合理方向"，《探索与争鸣》2015 年第 2 期。

张晖："央地关系变迁、分权与地方政府竞争——对中国经济增长动因的思考"，《商业时代》2011 年第 29 期。

袁东振："墨西哥的政治经济转型与可治理性问题"，《拉丁美洲研究》2010 年第 4 期。

叶敏、彭妍："'央强地弱'政治信任结构的解析——关于央地关系一个新的阐释框架"，《甘肃行政学院学报》2010 年第 3 期。

闫帅："迈向有效国家：改革进程中的中国国家能力变迁"，《华中科技大学学报（社会科学版）》2015 年第 2 期。

闫帅："公共决策机制中的'央地共治'——兼论当代中国央地关系发展的三个阶段"，《华中科技大学学报》2012 年第 4 期。

徐世澄："墨西哥涅托政府执政以来的重大改革初析"，《拉丁美洲研究》2014 年第 2 期。

夏立安："墨西哥总统制剖析"，《拉丁美洲研究》1999 年第

4 期。

任进:"全面深化改革中的地方治理体系重构",《学术前沿》2014 年第 4 期。

容志:"中国央地政府间关系的国内外争论:研究范式与评估",《中共浙江省委党校学报》2009 年第 3 期。

齐传钧:"墨西哥医疗卫生制度的变迁与改革",《拉丁美洲研究》2010 年第 4 期。

[墨] 西尔维娅·努涅斯·加西亚、[美] 曼努埃尔·查韦斯:"当前美墨关系面临的挑战",《拉丁美洲研究》2011 年第 6 期。

卢玲玲、闫伟:"墨西哥毒品问题及其未来走向",《现代国际关系》2013 年第 3 期。

龙太江:"从'对社会动员'到'由社会动员'——危机管理中的动员问题",《政治与法律》2005 年第 2 期。

李燕毅:"央地关系与中国地方治理改革——基于新制度主义的思考",《人民论坛》2014 年第 23 期。

靳呈伟:"墨西哥革命制度党重新执政的初步思考",《重庆社会主义学院学报》2013 年第 2 期。

高新军:"墨西哥革命制度党艰难转型的经验与教训",《当代世界》2014 年第 4 期。

方旭飞:"涅托的执政理念及革命制度党的执政前景",《拉丁美洲研究》2012 年第 5 期。

谌园庭:"墨西哥与美国关系:变化与前景",《拉丁美洲研究》2007 年第 6 期。

三、中文其他

郝英奇:《管理系统动因机制研究》,天津大学博士学位论文,2006年。

王旭科:《城市旅游发展动因机制的理论与实证研究》,天津大学博士学位论文,2008年。

袁东振:《论墨西哥经济转型时期的政治变革》,中国社会科学院博士学位论文,2002年。

四、外文书籍

Anheier, Helmut K. and Regina A. List, *A Dictionary of Civil Society, Philanthropy and the Non-profit Sector*, London: Routledge, 2005.

Anna, Timothy E., *Forging Mexico, 1821 – 1835*. Lincoln NE: University of Nebraska Press, 1998.

Arnaut, Alberto, *La Descentralización Educativa y el Sindicato Nacional de Trabajadores de la Educación, 1978 – 1988*. México, D. F.: Centro de Investigación y Docencia Económicas. 1992.

Arnaut, Alberto, *La Evolución de los Grupos Hegemónicos en el SNTE*. Mexico, D. F.: Centro de Investigación y Docencia Económicas. 1992.

Assad, Carlos Martínez y Alicia Ziccardi. "La Descentralización de las Políticas Públicas en México." In *Descentralización del Estado. Re-*

querimientos y políticas en la crisis, ed. E. Laurelli and A. Rofman. Mexico City: Fundación Friedrich Ebert-Ediciones CEUR, 1989.

Backwell, Peter. *A History of Latin America*. Oxford: Blackwell, 1997.

Bardhan, Pranab K. and Dilip Mookherjee. *Decentralization and Local Governance in Developing Countries: A Comparative Perspective*. Vol. 1. The MIT Press, 2006.

Beer, Caroline C. , "Invigorating Federalism The Emergence of Governors and State Legislatures as Powerbrokers and Policy Innovators", in Roderic A. Camp ed. , *The Oxford Handbook of Mexican Politics*, New York: Oxford University Press, 2012.

Bellia, Anthony J. , *Federalism*, Boston: Wolters Kluwer, 2011.

Benjamin, Thomas, "Laboratories of the New State, 1920 – 1929," in Thomas Benjamin & Mark Wasserman, eds. , *Provinces of the Revolution*, Albuquerque NM: University of New Mexico Press, 1990.

Bolleyer, Nicole, *Intergovernmental Cooperation—Rational Choices in Federal Systems and Beyond*, New York: Oxford University Press, 2009.

Boix, Carlos and Susan C. Stokes, eds. , *The Oxford Handbook of Comparative Politics*, New York: Oxford University Press, 2007.

Bryce, James, *The American Commonwealth*, Vol. 1, Indianapolis: Liberty Fund, Inc, 1995.

Buchanan, James M. andGeoffrey Brennan, *The Collected Works of James M. Buchanan: The Reason of Rules: Constitutional Political Economy/Geoffrey Brennan and James M. Buchanan*. Liberty Fund. 2000.

Cabrero, Enrique and Ady Carrera. "Fiscal Decentralisation and Institutional Constraints. Paradoxes of the Mexican Case." in Working Paper No. 85, *División de Administración Pública*, Mexico City: CIDE, 2000.

Camp, Roderic A., *Mexico, What Everyone Needs to Know*, New York: Oxford University Press, 2011.

Camp, Roderic A., *Politics in Mexico, the Democratic Consolidation*? 5th edition, New York: Oxford University Press, 2007.

Camp, Roderic A., *Oxford Handbook of Mexican Politics*, New York: Oxford University Press, 2012.

Camp, Roderic A., *The Metamorphosis of Leadership in a Democratic Mexico*, New York: Oxford University Press, 2010.

Carmelo, Rosa, "El cura y el alcalde mayor", in Woodrow Borah eds, *El gobierno provincial en la Nueva España: 1570 – 1787*, Mexico City: Instituto de Investigaciones Históricas, Universidad NacionalAutónoma de México. 1985.

CEPAL, *Panorama Social de América Latina 2011*, Santiago de Chile, Diciembre 2011.

Chávez, Alicia H., "Federalismo y gobernabilidad en México", in Marcello Carmagnani eds, *Federalismos latinoamericanos: México, Brasil, Argentina*, Mexico City: Fondo de Cultura Económica, 1993.

Chávez, Alicia Hernández, *Mexico: A Brief History*. Berkeley CA: University of California Press, 2006.

Clayton, Lawrence A. and Michael L. Conniff, *A History of Modern Latin America*, Fort Worth: Harcourt Brace College Publishers, 1999.

Compeán, Miguel González y Leonardo Lomelí, *El Partido de la Revolución: institución y Conflicto (1928 - 1999)*, Mexico City: Fondo de Cultura Económica, 2000.

Darity, William A. Jr. , *International Encyclopedia of the Social Sciences*, 2nd edition, Vol. 6, New York: The Gale Group, 2008.

Del Río, Leticia Santín, "Decentralization and Democratic Governance in Mexico", in Joseph S. Tulchin and Andrew Selee, eds. , *Decentralization and Democratic Governance in Latin America*, Washington, D. C. : Woodrow Wilson International Center for Scholars, 2004.

Diaz-Cayeros, Alberto, *Federalism, Fiscal Authority, and Centralization in Latin America*, New York: Cambridge University Press, 2006.

Eaton, Kent, *Politics Beyond the Capital—the Design of Subnational Institutions in South America*, Stanford: Stanford University Press, 2004.

Edmonds-Poli, Emily and David A. Shirk. *Contemporary Mexican Politics*, Lanham: Rowman & Littlefield Publishers, 2009.

Eisenstadt, Todd and Jennifer Yelle, "Ulysses, the Sirens, and Mexico's Judiciary: Increasing Commitments to Strengthen the Rule of Law", in Roderic A. Camp ed. , *The Oxford Handbook of Mexican Politics*. New York: Oxford University Press, 2012.

Falleti, Tulia G. , *Decentralization and Subnational Politics in Latin America*, New York: Cambridge University Press, 2010.

Fleury, Sonia, Susana Belmartino and Enis Baris, *Reshaping Health Care in Latin America: A Comparative Analysis of Health Care Reform in Argentina, Brazil, and Mexico*, Ottawa: International Development Research Center, 2000.

Furtak, Robert K., *El Partido de la Revolucióny la Estabilidad Política en México*. Mexico City: Universidad Nacional Autónoma de México, 1978.

Garrido, Luis J., *El Partido de la Revolución Institucionalizada*. Mexico City: Secretaría de Educación Pública, 1986.

Giddens, Anthony, *Modernidad e Identidad del yo: El yo y la Sociedad en la Epoca Contemporánea*, Barcelona: Ediciones Península, 1995.

Greene, Kenneth F., *Why Dominant Parties Lose? Mexico's Democratization in Comparative Perspective*, New York: Cambridge University Press, 2007.

Grindle, Merilee S., *Going Local—Decentralization, Democratization, and the Promise of Good Governance*, Princeton: Princeton University Press, 2007.

Hamnett, Brian R., *A Concise History of Mexico*. Cambridge: Cambridge University Press, 1999.

Hermann, Charles F., *International Crises: Insights Research*, New York: Free Press, 1972.

Hitchner, Dell G. and William H. Harbold, *Modern Government*, New York: Harper and Row, 1972.

Joseph, Gilbert M. and Timothy J. Henderson, eds., *The Mexico Reader: History, Culture, Politics*, Durham: Duke University Press, 2002.

Kirkwood, Burton, *The History of Mexico*, Westport: Greenwood Press, 2000.

Lawson, Chappell, *Building the Fourth Estate: Democratization and the Rise of a Free Press in Mexico*. Berkeley: University of California Press. 2002.

Levy, Daniel and Kathleen Bruhn, "Mexico: Sustained Civilian Rule and the Question of Democracy", in Larry Diamond et al. , *Democracy in Developing Countries: Latin America*, Boulder: Lynne Rienner, 1999.

Lockhart, James, "Introduction", in Ida Altman & James Lockhart, eds. , *Provinces of Early Mexico*, Los Angeles CA: UCLA Latin American Center, 1976.

Magaloni, Beatriz, *Voting for Autocracy: Hegemonic Party Survival and Its Demise in Mexico*, New York: Cambridge University Press, 2006.

Mainwaring, Scott and Matthew S. Shugart, eds. , *Presidentialism and Democracyin Latin America*, Cambridge: Cambridge University Press, 1997.

Maor, Moshe, *Political Parties & Party Systems: Comparative Approaches & the British Experience*, London: Routledge, 1997.

McCann, James A. , "Changing Dimensions of National Elections in Mexico", in Roderic A. Camp ed. , *The Oxford Handbook of Mexican Politics*, New York: Oxford University Press, 2012.

Mendonza, Enrique C. and Ady Carrera, "Fiscal Decentralisation and Institutional Constraints. Paradoxes of the Mexican Case. " In Working Paper No. 85, *División de Administración Pública*, Mexico City: CIDE. 2000.

Meyer, Lorenzo, "La institucionalización del nuevo régimen", in Ignacio Bernal ed. , *Historia General de México: Versión 2000*. Mexico City:

Colegio de México, 2000.

Middlebrooke, Kevin, *Party Politics and the Struggle for Democracy in Mexico: National and State-Level Analysis of the Partido Acción National*. CA: Center for U. S. - Mexico Studies, University of California, San Diego, 2001.

Middlebrooke, Kevin, "Political Liberalization in an Authoritarian Regime: the Case of Mexico", in Guillermo O'Donnell et al. , *Transitions from Authoritarian Rule: Latin America*, Baltimore: The Johns Hopkins University Press, 1986.

Mitroff, Ian I. , *Why Some Companies Emerge Stronger and Better from a Crisis: 7 Essential Lessons for Surviving Disaster*, New York: American Management Association, 2005.

Mizrahi, Yemile, "Mexico: Decentralization From Above", in Joseph S. Tulchin and Andrew Selee, eds. , *Decentralization and Democratic Governance in Latin America*, Washington, D. C. : Woodrow Wilson International Center for Scholars, 2004.

Morris, Stephen D. , *Political Corruption in Mexico: The Impact of Democratization*, Boulder, Colo. : Lynne Rienner, 2009.

Murillo, Maria V. , *Labor Unions, Partisan Coalitions, and Market Reforms in Latin America*. New York: Cambridge University Press. 2001.

Nevares, Beatriz R. , *Tierra Adentro: Hablan 14 Gobernadores*. Mexico: El día en libros. 1989.

Osten, Sarah, *Peace by institutions—The rise of political parties and the making of the modern Mexican state, 1920 - 1928*, The University of

Chicago, dissertation, 2010.

Peschard, Jacqueline, "Federal and Local Electoral Institutions: From a National to a Fragmented System", in Selee and Peschard ed., *Mexico's Democratic Challenges: Politics, Government, and Society*, Washington DC: Woodrow Wilson Center Press, 2010.

Reuter, Peter, "How Can Domestic U.S. Drug Policy Help Mexico?", in Olson, Shirk, and Selee, eds., *Shared Responsibility: U.S. - Mexico Policy Options for Confronting Organized Crime*, Woodrow Wilson International Center for Scholars, Mexico Institute, 2010.

Richmond, Douglas W., "Venustiano Carranza", in Michael S. Werner ed., *Encyclopedia of Mexico*, Chicago IL: Fitzroy Dearborn, 1997.

Riker, William H., *Federalism: Origin, Operation and Significance*, Boston and Toronto: Little Brown and Company, 1964.

Rodríguez, Victoria E., *Decentralization in Mexico: from Reforma Municipal to Solidaridad to Nuevo Federalismo*. Oxford: Westview Press. 1997.

Rosenthal, Uriel, M. T. Charles and P. T. Hart, *Coping with Crises: The Management of Disasters, Riots and Terrorism*, Springfield: Charles C. Thomas Publisher Ltd. 1989.

Rouquié, Alain, *El Estado Militar en America Latina*, Siglo veintiuno editores, 1984.

Ruiz, Ramón E., *The Great Rebellion*. New York: Norton, 1980.

Russell, Philip L., *The History of Mexico: From Pre-Conquest to Present*, New York: Taylor & Francis, 2010.

Saito, Fumihiko, *Foundations for Local Governance: Decentralization in Comparative Perspective*. Springer Science & Business Media, 2008.

Santibanez, Lucrecia, Georges Vernez and Paula Razquin. *Education in Mexico: Challenges and Opportunities*, Santa Monica: the RAND Corporation, 2005.

Sartori, Giovanni, *Parties and Party Systems: A Framework for Analysis*, Colchester: ECPR, 2005.

Selee, Andrew D. , *Decentralization, Democratization, and Informal Power in Mexico*. Penn State Press, 2011.

Selee, Andrew D. , The Paradox of Local Empowerment: Decentralization and Democratic Governance in Mexico. Dissertation paper, Maryland University, 2006.

Sellnow, Timothy L. and Matthew W. Seeger, *Theorizing Crisis Communication*, Malden: John Wiley & Sons, Ltd. , 2013.

Semo, Enrique, *La búsqueda*, 1. *La izquierda mexicana en los albores del siglo X*. Mexico City: Oceano. 2003.

SEP, *Programa Nacional de Educación, 2001 – 2006*. Mexico City: SEP. 2001.

Shirk, David A. , *The Drug War in Mexico: Confronting a Shared Threat*, The Council on Foreign Relations, 2011.

Smith, Peter H. , "Mexican Democracy in Comparative Perspective", in Roderic A. Camp ed. , *The Oxford Handbook of Mexican Politics*, New York: Oxford University Press, 2012.

Stolowicz, Beatriz, Juan Valdés and Juan Valdés Paz. *Gobiernos de*

Izquierda en América Latina: *un Balance Político*. Bogotá: Ediciones Aurora, 2007.

Treisman, Daniel, *The Architecture of Government—Rethinking Political Decentralization*, New York: Cambridge University Press, 2007.

Uildriks, Niels, *Mexico's Unrule of Law*: *Implementing Human Rights in Police and Judicial Reform under Democratization*, Plymouth: Lexington Books, 2010.

United States Department of State, *International Narcotics Control Strategy Report*, Vol. I, March 2012.

Vásquez, Martínez, Víctor Raúl, Financiamiento y endeudamiento de la educación en Oaxaca, ed. by Claudio Sánchez Islas, *Voces de la transición en Oaxaca*, Oaxaca: Carteles, 2004.

Villegas, Daniel Cosío, *El Sistema Político Mexicano*, décima edición, Cuadernos de Joaquín Mortiz, 1976.

Ware, Alan, *Political Parties and Party systems*, Oxford: Oxford University Press, 1996.

Wasserman, Mark, "Introduction", in Thomas Benjamin and Mark Wasserman, eds., *Provinces of the Revolution*, Albuquerque N M: University of New Mexico Press, 1990.

Weintraub, Sidney, *A Marriage of Convenience Relations Between Mexico and the United States*, New York: Oxford University Press, 1990.

Williams, Heather L., *Social Movements and Economic Transition*: *Markets and Distributive Conflict in Mexico*. New York: Cambridge University Press, 2001.

Williams, Mark E. , "The Path of Economic Liberalism", in Roderic A. Camp ed. , *The Oxford Handbook of Mexican Politics*, New York: Oxford University Press, 2012.

五、外文期刊

Cornelius, Wayne A. , "Blind spots in democratization: Sub-national politics as a constraint on Mexico's transition. " *Democratization*, 2000.

Domínguez, Jorge I. , "The Scholarly Study of Mexican Politics. " *Mexican Studies/Estudios Mexicanos*, 2004.

Edmonds-Poli, Emily, "Decentralization under the Fox Administration: Progress or Stagnation?", *Mexican Studies*, 2006.

Fox, Jonathan, "Latin America's Emerging Local Politics" . *Journal of Democracy*, 1994.

Fox, Jonathan, "State-Society Relations in Mexico: Historical Legacies and Contemporary Trends. " *Latin American Research Review*, 2000.

Fox Jonathan "The Difficult Transition from Clientelism to Citizenship: Lessons from Mexico", *World Politics*, 1994.

Garman, Christopher, Stephan Haggard and Eliza Willis, "Fiscal Decentralization: A Political Theory with Latin American Cases", *World Politics*, 2001.

Gibson, Edward L. , "Boundary Control: Subnational Authoritarianism in Democratic Countries" . *World Politics*.

Gordillo, Elba E. , "El SNTE ante la Modernización de la Educación

Básica", *El Cotidiano*, 1992.

Hernández-Rodríguez, Rogelio, "The Renovation of Old Institutions: State Governors and the Political Transition in Mexico", in *Latin American Politics and Society*, 2003.

Herrmann, Julián D., "Neo-Patrimonialism and Subnational Authoritarianism in Mexico: The Case of Oaxaca", *Journal of Politics in Latin America*, 2010.

Hilgers, Tina, "Causes and Consequences of Political Clientelism: Mexico's PRD in Comparative Perspective", *Latin American Politics and Society*, 2008.

Hiskey, Jonathan T., "Local Context and Democratization in Mexico", *American Journal of Political Science*, 2005.

Kiser, Edgar and Michael Hechter, "The Role of General Theory in Comparative-historical Sociology." *American Journal of Sociology* 1991.

Lynch, John. "The Institutional Framework of Colonial Spanish America," *Journal of Latin American Studies*, 1992.

Machamer, Peter, Lindley Darden, and Carl F. Craver, Thinking about mechanisms. *Philosophy of Science* 2000.

Macias, José B. and GuidoCazzavillan. "Modeling the Informal Economy in Mexico: A Structural Equation Approach." *The Journal of Developing Areas* 2010.

Mendonza, Enrique C., "Fiscal Federalism in Mexico: Distortions and Structural Traps", *Urban Public Economics Review*, 2013.

Mitchell, Christopher, "Advancing the Study of Decentralization and

Federalism in Latin America." *Latin American Politics and Society*, 2008.

Montero, Alfred P., "After Decentralization: Patterns of Intergovernmental Conflict in Argentina, Brazil, Spain, and Mexico." *Publius*, 2001.

O'Neil, Shannon, "The Real War in Mexico." *Foreign Affairs*, 2009, 88.

Parkes, Henry B., "Political Leadership in Mexico", *Annals of the American Academy of Political and Social Science*, 1940.

Ríos-Figueroa, Julio, Fragmentation of Power and the Emergence of an Effective Judiciary in Mexico, 1994 – 2002, *Latin American Politics and Society*, 2007.

Rodríguez, Victoria E., "The Politics of Decentralisation in Mexico: From Municipio Libre to Solidaridad." *Bulletin of Latin American Research*, 1993.

Rowland, Allison M., "Population as a Determinant of Local Outcomes Under Decentralization: Illustrations from Small Municipalities in Bolivia and Mexico", *World Development*, 2001.

Salazar, Julian G., "Decentralisation, Politics and Service Delivery in Mexico." *IDS Bulletin*, 2007.

Schiavon, Jorge A., "Sub-State Diplomacy in Mexico". *The Hague Journal of Diplomacy*, 2010.

Schiavon, Jorge A., "The central-local division of power in the Americas and renewed Mexican federalism-Old institutions, new Political Realities." *International Journal of Constitutional Law*, 2006.

Sour, Laura, "El sistema de transferencias federales en México ¿premio o castigo para el esfuerzo fiscal de los gobiernos locales urbanos?", *Gestión y Política Pública*, 2004.

Tiebout, Charles M., "A pure theory of local expenditures", *The journal of political economy*, 1956.

Topal, Aylin, Global Processes and Local Consequences of Decentralization: A Sub-national Comparison in Mexico. *Regional Studies*, 2013.

Vale, Helder F. and Isabel Wences, "The 2012 Elections in Mexico: The Birth of a Consolidated Federal Democracy?", *Regional and Federal Studies*, 2014.

Ward, Peter M., Robert H. Wilson and Peter K. Spink. "Decentralization, democracy and sub-national governance: comparative reflections for policy-making in Brazil, Mexico and the US." *Regional Science Policy & Practice*, 2010.

Ward, Peter M. and Victoria E. Rodriguez. "New Federalism, Intra-governmental Relations and Co-governance in Mexico", in *Journal of Latin American Studies*, 1999.

Weingast, Barry R., "The Constitutional Dilemma of Economic Liberty", *The Journal of Economic Perspectives*, 2005.

Welch, David A., Crisis Decision Making Reconsidered, *Journal of Conflict Resolution*, 1989.

六、外文其他

Beittel, June S., "Mexico's Drug Trafficking Organizations: Source and Scope of the Violence", CRS Report for Congress, R41576, April 15, 2013.

Benton, Allyson, "How Does the Decentralization of Political Manipulation Strengthen National Electoral Authoritarian Regimes? Evidence from the Case of Mexico." APSA 2013 Annual Meeting Paper. 2013.

Council on Hemispheric Affairs, "Mexico's Felipe Calderon". 2007, http://www.coha.org/2007/11/mexicos-felipe-caldern.

Edmonds-Poli, Emily, "The Effects of Drug-War Related Violence on Mexico's Press and Democracy", *Working Paper Series on Civic Engagement and Public Security in Mexico*, April, 2013.

Elías, Emily E., "The Implications of Electoral Competition for Fiscal Decentralization and Subnational Autonomy in Mexico". For the meeting of the Latin American Studies Association, 1988.

Goodspeed, Timothy J., "Corruption, Accountability, and Decentralization: Theory and Evidence from Mexico", *Documents de Treball IEB*, 2011, http://dialnet.unirioja.es/descarga/articulo/3780265.pdf.

Magar, Eric y Vidal Romero: "El Impasse Mexicano en Perspectiva", *Foreign Affairs En Español*, Enero-Marzo 2007, http://www.foreignaffairs-esp.org/20070101faenespessay070114.

Moreno, Carlos L., Decentralization, Electoral Competition, and Local Government Performance in Mexico, Doctoral dissertation, University of Texas, Austin, 2005.

"Programa Sectorial de Educación 2007 – 2012", México: Gobierno Federal, 2007, http: //www. ses. sep. gob. mx/wb/ses/programa_ sectorial_de_educacion.

Starr, Pamela K., "Authoritarian Inheritances and Mexico's Incomplete Democratic Transition", the paper expanding upon remarks delivered at the second session of the Mexico Under Calderón Task Force, June 24, 2010.

后　记

当本书基本完成时，粗粗算来，我的求学时光已过去近三年。当初自己是学习语言出身，只是凭着对国际政治专业的一腔热情报考了社科院拉美所，并未仔细掂量过会面临何种挑战。在几年的学习中，为了适应从人文科学向社会科学的转型，我既品味过不断巩固专业基础的艰辛，也体会过掌握研究方法的困难。与此同时，为了研究的便利，还必须重新学习一门外语。任务的繁重客观上对我形成巨大的推动力，让我在这几年中收获颇丰。我将平时的点滴思考记录下来，结合自己的学术兴趣，在导师一步一步的指引下完成了选题；在同事、朋友的帮助下积累了大量中外文资料和规范的论文思路；在家人的陪伴支持下最终完成了本书的撰写。

我首先要感谢我的恩师——社科院拉美所政治研究室主任袁东振研究员。袁老师对我的悉心指导和关怀鼓励让我难以忘怀。还记得开题前，我受困于诸多题目的选择，只得将这些题目一一与导师商量。袁老师详细地分析了每个题目的范围大小、解决路径、操作方法和实际困难，让我茅塞顿开，这坚定了我对于选题的信心。在本书撰写过程中，袁老师对每一稿仔细审读并严格要求，督促我认真修改，提高书稿质量。可以说，没有恩师的指导，我不可能完成本书的撰写。

我还要感谢拉美所综合理论室主任张凡研究员和经济研究室主任柴瑜研究员。两位老师对我有知遇之恩，并且在我求学途中给予了很大支持和指导。经济研究室副主任杨志敏研究员在教给我专业知识的同时还给我提供了很多参加与本书相关学术会议的平台，让我有不少机会接触国内外相关领域的顶尖学者。此外，我还要感谢所里的徐世澄研究员、苏振兴研究员、吴白乙研究员、吴国平研究员、宋晓平研究员、贺双荣研究员、岳云霞研究员、刘维广编审、杨建民副研究员、张勇副研究员、王鹏副研究员、郭存海副研究员、方旭飞副研究员、宋霞副研究员、谢文泽副研究员、周志伟副研究员、林华副研究员、谌园庭助理研究员、韩晗助理研究员、李菡助理研究员、魏然助理研究员、谭道明助理研究员等。以上老师的传道与解惑帮助我厘清了思路，也在一定程度上使我了解了社会科学研究方法的特点。

受益于多次参加各地的拉美学术会议，我有机会认识了来自国内外的专家学者。在这里要特别感谢南开大学拉美研究中心的王萍教授和韩琦教授、北京大学拉美中心主任董经胜教授、新华社世界问题研究中心的沈安研究员、西南科技大学张贯之副教授以及浙江外国语学院拉美中心副主任唐俊副教授，与几位专家在会议间歇的商讨拓宽了我看待问题的思路，提升了我对拉美研究的信心。

与此同时，本书能顺利完成，也与我的同事和朋友的支持密切相关。四川外国语大学国际关系学院的肖肃教授、刘玉梅教授、刘忠正教授、宋国华副教授、朱天祥副教授、吴兵教授、陈广猛副教授一直激励我不断进取，并为我提供工作和学习上的种种便利。谌华侨与王德义两位老师就本书结构和写作思路与我进行了数次探讨，提高了我对书稿规范性的理解与把握。此外，我和社科院同学马云鹏、房国铮、刘镓、刘锐、李珍珍、骆礼敏、石培培、沈煜共同组建的"火花社"在每周学习之余进行学术讨论，进行智慧的交锋，使我收获了珍贵的灵感和难忘的友谊。

最后，我要将特别的感谢献给我的家人。父母的养育之恩没齿难忘，他们多年来含辛茹苦将我培养成人而无半点怨言，在我读书期间时常嘘寒问暖，只求我独自在外能够健康平安。我的妻子自始至终全力支持我外出求学，以圆我个人梦想。这几年她凭借一己之力挑起整个家庭的重担，操持繁重家务，让我不必对家庭有任何经济上的牵挂。我必将用对家庭、对工作更为认真负责的态度来回报他们。

张庆

2015年4月于重庆

图书在版编目（CIP）数据

墨西哥中央—地方权力关系研究：发展路径与动因机制／张庆著．—北京：时事出版社，2017.5
　　ISBN 978-7-5195-0097-9

　　Ⅰ．①墨…　Ⅱ．①张…　Ⅲ．①中央与地方的关系—研究—墨西哥　Ⅳ．①D773.13

中国版本图书馆 CIP 数据核字（2017）第 062061 号

出 版 发 行：时事出版社
地　　　　址：北京市海淀区万寿寺甲 2 号
邮　　　　编：100081
发 行 热 线：（010）88547590　88547591
读者服务部：（010）88547595
传　　　　真：（010）88547592
电 子 邮 箱：shishichubanshe@sina.com
网　　　　址：www.shishishe.com
印　　　　刷：北京市昌平百善印刷厂

开本：787×1092　1/16　印张：14.75　字数：190 千字
2017 年 5 月第 1 版　2017 年 5 月第 1 次印刷
定价：98.00 元

（如有印装质量问题，请与本社发行部联系调换）